Hans-Dieter Arntz

Vogelsang

Geschichte der ehemaligen NS-Ordensburg

Helios

Titelbild:
Führungsanwärter der Ordensburg Vogelsang beim Appell (1937)
(Quelle: US Army Photograph, Pentagon SC 200413)

Das vorliegende Buch versteht sich als Kurzfassung des Standardwerks von Hans-Dieter Arntz, Ordensburg Vogelsang 1934-1945 - Erziehung zur politischen Führung im Dritten Reich, Euskirchen 1986, 5. und ergänzte Auflage Weilerswist 2006. Dieser umfangreichen Dokumentation sind detaillierte Quellenangaben und Anmerkungen zu entnehmen. Zusätzliche Hinweise: www.hans-dieter-arntz.de

Die Fotos stammen aus den Archiven von: Matthias Galler (Euskirchen), Magazine „Soldier" (England), Bundesarchiv Koblenz, Pentagon Armee Archiv (USA) Rolf Sawinski (Weiler), H. Gransow (Gronau), Hans Löhr (Neuendettelsau), Archiv Camp Vogelsang, Josef Grohé (Köln), Käthe Dietel (Heimbach), Karl-Friedrich Liebermann (Köln), Otto Mertens (Euskirchen/Gemünd), Sammlung Catella RZM Verlag (Fankreich), Thomas Enke (Koblenz), Dieter Hay (Euskirchen), Oswald Sures (Schleiden), Ottfried Stender (Hamburg), Herbert Sittig (Euskirchen), Hans-Dieter Arntz (Euskirchen)

Impressum

**Helios Verlags- und Buchvertriebsgesellschaft
Postfach 39 01 12, 52039 Aachen
Tel.: (02 41) 55 54 26; Fax: (02 41) 55 84 93
eMail: Helios-Verlag@t-online.de
www.helios-verlag.de
Bitte fordern Sie beim Verlag aktuelle Informationen zu lieferbaren Titeln an.**

Printed in Serbia

ISBN 978-3-938208-71-7

Inhaltsverzeichnis

1. Eine „Kaderschmiede" für die NS-Partei-Elite

Nationalsozialismus und Partei-Elite ■ Erziehung zur politischen Führung im Dritten Reich

Mehr als sieben Jahrzehnte nach ihrer Entstehung wird auch die Geschichte der NS-Ordensburg Vogelsang wieder lebendig. Die historische Distanz zum Nationalsozialismus und 2. Weltkrieg macht es offenbar leichter, sich mit der jüngsten deutschen Geschichte zu befassen. Inzwischen sind viele Fakten bekannt und gehören sogar zum obligatorischen Schulstoff. Aber die drei Ordensburgen in Pommern, Bayern und der Eifel blieben bis in die 80er Jahre hinein vergessen. Ihnen sollte nach Ansicht der Nationalsozialisten eine besondere Bedeutung zukommen.

In den „Junkerschmieden", wie sie im Volksmund oft bezeichnet wurden, sollten die menschenverachtende Rassenpolitik und die spätere Ausrichtung des NS-Systems gelehrt werden. **Hier wurde die junge NS-Führungselite auf ihren Einsatz in Staat und Gesellschaft vorbereitet. Hier erhielt sie ihre ideologische Orientierung.**

Die Gebäude der ehemaligen Ordensburg Vogelsang rücken seit der Errichtung des Nationalparks Eifel wieder in den Blickpunkt. Dieser ist inzwischen zu einer Attraktion

Die NS-Ordensburg Vogelsang in der Eifel (1940). Hinter der eigentlichen Burganlage sieht man die ersten Mauern für das künftige „Haus des Wissens", einer Parteiuniversität der NSDAP

(1936) Beliebte Ansichtskarte in der Eifel

des Rheinlandes geworden. Im Herzen dieser ansonsten kargen Landschaft liegt die ehemalige NS-Ordensburg, über deren künftige Verwendung sich Politiker, Naturfreunde und Wissenschaftler seit Jahren immer noch Gedanken machen. Historisch notwendig ist die baldige Institutionalisierung eines Dokumentationszentrums und Museums, was jedoch eine kritische Auseinandersetzung und abschließende Bewertung der Ordensburg voraussetzt.

Spätestens nach der „Machtergreifung" am 30. Januar 1933 wurde sichtbar, dass der NSDAP die politische Zukunft gehören sollte. Ein riesiger Fackelzug bewegte sich durch die Berliner Wilhelmstraße an dem Reichspräsidenten Paul von Hindenburg und dem soeben ernannten Reichskanzler Adolf Hitler vorbei. Schon wenige Wochen später wurde der staatsbürgerlichen Freiheit ein Ende gesetzt. Das Ermächtigungsgesetz vom 23.3.1933 gab dem neuen Kanzler diktatorische Vollmachten, was bald durch jegliche Gleichschaltung und den Einparteien-Staat überall spürbar wurde. Dieser musste aber organisiert, verwaltet und kontrolliert werden. Die regimespezifische Ausbildung hierfür war auch an drei neu erbauten Ordensburgen vorgesehen.

Der Mitgliederzuwachs der NSDAP im Jahre 1933 war eine Folge der neuen Machtverhältnisse. Ob es tatsächlich alles Anhänger einer radikal-antimarxistischen Ideologie waren, Opportunisten oder gar Idealisten soll hier nicht analysiert werden; aber der Begriff „Märzhasen" – in Anlehnung an die erfolgreich verlaufenen Reichstags- und Preußischen Landtagswahlen –, beinhaltete einen großen Zulauf zur einst geschmähten „Hitler-Bewegung", der durch das Votum des Volkes die künftige Lösung bestehender Probleme zugetraut wurde.

Ende 1932 wiesen die amtlichen Unterlagen erst 1,2 Millionen eingeschriebene Mitglieder aus. Ende 1933 waren es bereits 3,9 Millionen. Und der Zustrom hielt unvermindert an. Also musste eine vorläufige Aufnahmesperre praktiziert werden. Gleichzeitig waren baldigst bessere Voraussetzungen für eine einheitliche Ausrichtung dieser künftigen Parteigenossen zu schaffen, da sie ja aus allen politischen Richtungen und Schichten kamen und ideologisch „gleichgeschaltet" werden mussten. Spezielle Redner auf drei „Reichsschulungslagern" sollten sie von der neuen Weltanschauung überzeugen. Dies ist die ursprüngliche Idee, aus der in den zwei folgenden Jahren das Konzept der Ordensburgen entstand. In diesem Zusammenhang muss der Plan für die sofortige Institutionalisierung der künftigen „Ausbildungsstätten", „Reichsschulungslager „und „Ordensburgen" gesehen werden. Es sei aber jetzt schon darauf hingewiesen, dass ein methodisch-didaktisches Konzept in Bezug auf die Heranbildung eines spezifisch erzogenen „politischen Führernachwuchses" zur Zeit der „Machtergreifung" noch nicht vorlag. Wenn auch immer wieder betont wird, dass die Nationalsozialisten unverzüglich mit der erzieherischen Erfassung der Jugend begonnen hätten, so kann am Beispiel der Ordensburgen bewiesen werden, dass eine systematische Ordensschul-Pädagogik noch nicht im Vorfeld der NS-Überlegungen stand. Das ist zu bemängeln, denn gerade diese „Junker" sollten so schnell wie möglich exemplarisch die Funktion von politischen Führern im Parteidienst und der reichsdeutschen Verwaltung übernehmen.

Am 24. April 1936 – wurden die 3 Ordensburgen Krössinsee (Pommern), Sonthofen (Allgäu) und Vogelsang (Eifel) durch Adolf Hitler ihrer Bestimmung übergeben. Ohne der folgenden dokumentarischen Darstellung vorgreifen zu wollen, soll festgehalten werden, dass wegen des Beginns des Zweiten Weltkrieges und auch aus Desinteresse möglicher Bewerber der drei- bzw. vierjährige Ausbildungsgang der „Nachwuchsführer" abgebrochen wurde. Einen vollständig ausgebildeten „Junker" hat es somit nie gegeben!

Als am 6. Februar 1945 der amerikanische Soldatensender „Annie" den Mitschnitt eines Originalberichts des großdeutschen Rundfunks wiedergab, in dem der Sprecher von der zwei Tage zuvor erfolgten Einnahme der einstigen „Ordensburg Vogelsang" mit melancholischer Stimme berichtete, da wurden viele Deutsche an die besonderen Ausbildungsstätten der NSDAP erinnert, die einen elitären politischen Führernachwuchs heranbilden sollten. Die „Falkenburg am Krössinsee" in Pommern, „Burg Sonthofen" im Allgäu und „Burg Vogelsang" in der Eifel waren die drei Zentren, in denen „Führeranwärter" (gelegentlich auch „Junker" genannt) charakterlich, politisch, diplomatisch, verwaltungspolitisch und nationalsozialistisch geschult werden sollten.

Ohne einen Schuss nahmen die amerikanischen Truppen Vogelsang ein und beendeten spätestens zu diesem Zeitpunkt das einstige Zentrum der nationalsozialistischen Indoktrination. Was danach kam, ist schnell gesagt: Nach dem Zweiten Weltkrieg bauten die nachgerückten Engländer das Gelände zu einem Truppenübungsplatz aus. Am 1. April 1950 übernahmen die Belgier das 63 Quadratkilometer große Gelände. Der belgische Truppenübungsplatz stand bis Ende 2005 auch der NATO und somit auch Streitkräften aus der Bundesrepublik, England, USA, Holland, Kanada und Luxemburg zur Verfügung. Seit 2006 wird die Anlage zivil genutzt und ist das Zentrum in dem neu geschaffenen Nationalpark Eifel.

Das 1986 erschienene Standardwerk „Ordensburg Vogelsang 1934-1945 – Erziehung zur politischen Führung im Dritten Reich" belegt anhand vieler Dokumente, dass Ordensburgen keineswegs „Zuchtstätten" einer germanischen Herrenrasse waren und auch nicht eine Niederlassung des berüchtigten „Lebensborn", wie es heute noch viele Deutsche wissen wollen, sondern Ausbildungsanstalten für künftige Führungskräfte im Parteidienst. Auslese und Heranbildung der nationalsozialistischen „Führeranwärter" waren jedoch derart elitär und auf die Verwaltung deutscher Diktatur ausgerichtet, dass sie selbst in der Zeit des so genannten Dritten Reiches mystisch blieben.

Das allmählich schwindende Interesse junger Nationalsozialisten, Kritik aus der Reichsorganisationsleitung selber und der Beginn des Zweiten Weltkrieges verhinderten allerdings den Abschluss der eigentlich auf insgesamt vier Jahre avisierten Lehrgänge. Nach einem je einjährigen Besuch auf den Burgen Krössinsee, Vogelsang und Sonthofen war noch

ein abschließender Lehrgang in der Marienburg/Ostpreußen vorgesehen. Wahrscheinlicher stattdessen war aber der einjährige Besuch auf der avisierten Partei-Universität, die auf dem Vogelsang-Gelände ab 1940 gebaut werden sollte.
Doch hierzu kam es nicht mehr. Die Ausbildung auf der Ordensburg Vogelsang fand also nur von 1936 bis zum Kriegsbeginn 1939 statt und betraf insgesamt 1500 Männer, die meist aus der unteren Mittelschicht stammten, im Alter von 23 bis 26 Jahren waren, keine Brille trugen, größer als 160 Zentimeter und kerngesund waren und zudem einen „Ariernachweis" bis 1800 erbringen konnten. Als „Führeranwärter" wurden sie einseitig, nichtchristlich und antisemitisch ausgerichtet. Der Lehrbetrieb fand nur in der Zeit von 1936 bis 1939 statt.

Sicher, aufgrund der kurzen Ausbildung und der baldigen Musterung zur Reichswehr kam es nicht immer zu der Karriere, die man von fanatischen Ordensjunkern erwartete. Aber einige wurden nach dem Krieg wegen ihrer Tätigkeit als Gebietskommissar im Osten verfolgt. Exemplarisch sei auch ein Ordensburg-Lehrer im Fach „Rassenkunde", Dr. Werner Schw., erwähnt, der später in den Niederlanden sogar ein Konzentrationslager leitete. Die Justiz fahndete lange nach ihm wegen Mordes und Kriegsverbrechen. Weitere Fälle werden hier später angeführt.

Dr. Robert Ley,
Reichsorganisationsleiter der NSDAP

Umgekehrt jedoch ist auch bewiesen, dass die militärischen Leistungen dieser Männer überdurchschnittlich waren und ihr Fanatismus und ihre Einsatzbereitschaft dem Bildungsziel der drei Ordensburgen gerecht wurden. Nicht genügend Material lässt sich in deutschen Archiven finden. Dafür wird man in niederländischen, englischen und amerikanischen Archiven leichter fündig.
Die erbetene Mitarbeit durch Zeitzeugen bei zielgerichteten Forschungen in der Zeit von 1984 bis 1986 ließ anfangs zu wünschen übrig. Etwa 60 ehemalige Junker bzw. deren Angehörige lebten damals noch im Raum Schleiden-Gemünd-Heimbach. Auch diejenigen „Führeranwärter", die sich damals in der Kameradschaft „Alte-Burger" formiert hatten und sich jährlich in einer kleinen rheinischen Stadt trafen, wollten vor 20 Jahren nicht demonstrativ in das Licht der Öffentlichkeit. Heute ist das anders; die wenigen noch lebenden „Junker" haben sich längst „geoutet" und ihre Erinnerungsstücke und privates Archivmaterial in geeignete Hände gelegt. Insgesamt standen dem Autor seit dieser Zeit etwa 200 Lehrgangsteilnehmer und Burgangestellte als Zeitzeugen zur Verfügung und stellten Informationen, Akten und Fotos zur Verfügung.

Die Idee zu den drei Ordensburgen ging auf den Reichsorganisationsleiter der NSDAP, Dr. Robert Ley, zurück. Als „Schaffer" der Kraft-durch-Freude-Organisation (KdF) und Führer der Deutschen Arbeitsfront (DAF) war dieser rheinländische Nationalsozialist daran interessiert, die breiten Masse zusätzlich zu aktivieren. Während 1932 der Altkreis

Schleiden noch 10 Prozent Arbeitslose hatte, konnte Kreisleiter Binz bereits 1935 seinem Führer Adolf Hitler melden, dass sein Bereich der erste Bezirk im Deutschen Reich ohne Arbeitslosigkeit sei. Dies jedoch war nur der Tatsache zu verdanken, dass der Reichsorganisationsleiter in der kleinen Gemeinde Dreiborn ein „Reichsschulungslager" hatte bauen lassen, das anfangs nur für Kurzlehrgänge strapazierter Parteiredner gedacht war. Hieraus entwickelte sich in einem sehr kurzen Zeitraum eine markige Ordensburg. Mehr als tausend Arbeiter und Handwerker hatten „Arbeit vom Führer" bekommen.

Das Euskirchener „Volksblatt" sowie andere regionale Zeitungen und ab Mitte 1933 auch der „Westdeutsche Beobachter" zählten in populistischen Artikeln detailliert auf, welche angeblich unmenschliche Anstrengung von einheimischen Firmen erbracht worden sei. Dabei handelte es sich um die Verarbeitung spezieller Materialien aus der Eifel sowie die 24-Stunden-Leistung „nationalsozialistisch- eingestellter Arbeiter". Filmberichte aus den Jahren 1934-1936 lobten den zielgerichteten Ausbau der Infrastruktur und die Tatsache, dass viel Geld für den Tourismus im Bereich Schleiden, Gemünd, Monschau, Heimbach sowie der nahen Seen und Talsperren gepumpt wurde.

2. Plan für eine „Schulungsburg" des „Tausendjährigen Reiches"

Eigentlich nur 2 Ordensburgen: Krössinsee und Vogelsang ■ Vorläufiger Plan: „Reichsschulungslager" ■ Ziel: Führer, Prediger, Werber und „fanatische Menschen"

Etymologisch erinnert der Begriff „Ordensburg" an eine elitäre Vereinigung von Männern in Verbindung mit mittelalterlichem Rittertum und Burgen. Auch die Assoziation mit asketischen Mönchen ist durchaus möglich. Doch gerade diese Vorstellung schwebte den Nationalsozialisten nicht vor, weil dies ihrer Ansicht nach „wesensfremd" war. Sie wünschten bewusst Transparenz und den Kontakt zur Bevölkerung.
Allerdings wirkte die Auslese und Heranbildung der nationalsozialistischen „Führeranwärter" dennoch auf den Außenstehenden elitär und mystisch, so dass die Ordensburgen oft sogar mit den Burgen und Einrichtungen der SS in Verbindung gebracht wurden. Selbst in der modernen Fachliteratur gibt es gelegentlich Assoziationen mit der Wewelsburg eines Heinrich Himmler – dem Schrein eines ideologisch-religiösen Zentrums und einer SS-Kultstätte. Dass selbst bei Kriegsende die deutsche Bevölkerung mit dem Begriff „Ordensburg" wenig anfangen konnte, beruht auf der Tatsache, dass es eigentlich nur 2 Ordensburgen im Deutschen Reich gab, nämlich Krössinsee und Vogelsang. Die dritte Burg war in Sonthofen. Sie hatte zwar dieselbe Bezeichnung, bildete aber niemals „Führeranwärter" im eigentlichen Sinne aus. Sie war Ausbildungsstätte für wesentlich jüngere Adolf-Hitler-Schüler, zu denen seinerzeit auch der bekannte Schauspieler Hardy Krüger zählte.
Während diese jungen Leute nach dem Kriege kaum mit den obligatorischen Entnazifizierungsverfahren zu tun hatten und ihre pädagogische Ausrichtung nicht unbedingt kritisiert und in Gerichtsverfahren verurteilt wurde, hatten die um ein Jahrzehnt älteren „Junker" der zwei „richtigen" Ordensburgen nach dem Kriege gelegentlich Schwierigkeiten, ihre Aktivitäten zu rechtfertigen. Auch die Tatsache, dass es noch viele andere „Burgen" – in verschiedener Trägerschaft und mit unterschiedlicher Didaktik – im Nationalsozialismus gab, war nicht dafür angebracht, dass die deutsche Bevölkerung differenzierte.
Somit sollte noch einmal betont werden, dass die Ordensburg in Sonthofen nie eine NS-Or-

Selbst die Architekten sprachen noch nicht von einer „Ordensburg“. Die Baumappe von K.-F. Liebermann beweist es

censburg im eigentlichen Sinne war! Insofern spielt sie auch keine Rolle in der Diskussion um potenzielle Kriegsverbrechen einiger Junker, was von unqualifizierter Seite gelegentlich mit der Überschrift „Täterort“ umschrieben wird. Diese Diskussion tangiert deswegen kaum die Falkenburg am Krössinsee, da hier nicht die Rassenlehre in der fanatischen Form auf dem Lehrplan stand, wie dies in der bekannten Ordensburg Vogelsang der Fall war.

Weiterhin wird noch einmal daran erinnert: Bei den eigentlich nur 2 (!!) Ordensburgen handelte es sich um eine Einrichtung der Partei, die in keiner hierarchischen oder funktionellen Beziehung zur SS stand. Darüber können auch einige Fotos nicht hinwegtäuschen, die Angehörige einer SS-Ehrenformation auf der Ordensburg Vogelsang zeigen.

In seinem 1937 erschienenen Buch *„Wir alle helfen dem Führer“* bestätigt Dr. Robert Ley als Reichsorganisationsleiter der NSDAP und Führer der Deutschen Arbeitsfront (DAF), dass er 1933 mit dem Bau der drei Ordensburgen Krössinsee, Sonthofen und Vogelsang *„mehr intuitiv als* aus *verstandesmäßigem Wissen heraus“* gehandelt habe. Er verstand die Übergabe der Anlagen als *„Dankesschuld der Deutschen Arbeitsfront an die Partei“*. Diese Formulierung bleibt in letzter Konsequenz bis heute unverständlich, da die drei Burgen zu keiner Zeit eine Domäne der DAF waren, wenn auch diese lediglich eine Art der Vorfinanzierung übernommen hatte. Eigentlicher Träger war die NSDAP, deren Organisationsleiter wiederum Dr. Ley selber war.

Der Kölner Baumeister der Ordensburg Vogelsang, Karl-Friedrich Liebermann, leitet eine Konferenz für die Beschaffung der Baumaterialien. Architekt Prof. Klotz entwarf die Anlage

Die Pläne für das anfangs avisierte „Reichsschulungslager“ stammten von Prof. Clemens Klotz und wurden von dem Kölner Architekten und Baumeister Karl-Friedrich Liebermann verwirklicht. Voller Dankbarkeit ernannte der Bürgermeister von Gemünd letzteren am 20. November 1936 zum „ehrenamtlichen Stadtbaurat“. Ausdrücklich betonten die Repräsentanten der kleinen Eifelstadt: *„Die Ernennung erfolgt auf Grund Ihres bisher gezeigten großen Interesses für die bauliche Entwicklung unserer Stadt und nicht zuletzt in Anerkennung Ihrer großen Verdienste bei der Errichtung der Ordensburg Vogelsang, deren Schaffung neben den hohen weltanschaulichen Werten auch wirtschaftlich weittragendste Bedeutung für unsere Heimat hat“*.

Am 8. März 1934 erfuhren die Zeitungsleser, dass das große „Schulungslager“ der NSDAP in der Eifel gebaut werden sollte. Immerhin waren längere Zeit auch andere attraktive

Rudolf Hess begrüßt Kreisleiter Binz, den ersten „Kommandeur“ der Baustelle Vogelsang (Mai 1934)

Regionen im Gespräch gewesen. Aber im Laufe des Herbst 1933 hatte man jedoch dem Stadtrat von Gemünd positive Signale gegeben, und Kreisleiter Binz wusste Reichsorganisationsleiter Dr. Robert Ley in vielen Diskussionen auf die Standortpräferenz aufmerksam zu machen. So tönte der „Westdeutsche Beobachter“, als die *„große Entscheidung für das große Schulungslager der NSDAP gefallen“* war: *„Im Wettstreit mit den herrlichsten Landschaften, mit Schwarzwald, Harz und schlesischen Gebirgen obsiegte die herrliche Eifel: das Schulungslager kommt an den Urftsee, unweit des Städtchens Gemünd.“*
Der aus der Eifel stammende Journalist Hubert Meyer publizierte als erster diesen Beschluss im Euskirchener „Volksblatt“. Danach war er jedoch den Schikanen der NSDAP ausgesetzt, weil deren Parteiorgan, der „Westdeutsche Beobachter“, den „Knüller“ nicht so schnell veröffentlichen konnte. Aber Beziehungen und Kontakte spielten auch in der angeblich „hinterwäldlichen Region“ der Eifel eine nicht zu unterschätzende Rolle.
Der in Köln lebende ehemalige Gauleiter von Köln-Aachen, Josef Grohé, erinnerte sich 1985 in einem Interview noch deutlich an die anfangs unklaren Zielsetzungen, wie das „Lager“ am Urftsee seinen Bildungsauftrag konkretisieren sollte. Auch ihm schwebten 14-tägige Kurse für nationalsozialistische Parteiredner vor, die zu einem *„gewaltigen Erlebnis“* geführt werden sollten. Zwei Wochen würden genügen, um die Persönlichkeit des Redners, die kameradschaftliche Gemeinschaft und eine unberührte urwüchsige Natur und Landschaft zu vermitteln. Dadurch würde eine *„tiefe Gläubigkeit zur nationalsozialistischen Weltanschauung“* geschaffen. Nur Organisator Robert Ley präzisierte den *„Typ des neuen deutschen Menschen“* als *„fanatischen Soldaten und Prediger unserer Weltanschauung.“*
Auch wenn Architekt Klotz bereits die Grundkonzeption für den Bau des „Reichs-Schulungslagers“ entworfen hatte, so war die Gesamtplanung zur Zeit des ersten Spatenstiches noch nicht fertig. Fast zu eilig hatte der Reichsorganisationsleiter inzwischen größere Grundstücksflächen von etwa 110 Hektar im Werte von etwa 145000 Reichsmark von Bauern aus der Umgebung von Morsbach, Wollseiffen und Dreiborn erworben bzw. bis zum Jahre 1938 hinzugekauft. Die Parzelle „Im Vogelsang“, südöstlich der späteren Burg gelegen, erwies sich als zu klein.
Das Bauvorhaben wurde auf den topographisch günstigeren Bergrücken westlich des Morsbaches verlegt, der sich in einer Länge von 2,5 Kilometer aus der Dreiborner Hochfläche heraus mit relativ geringen Niveau-Unterschieden (etwa 500 Meter am Walberhof bis 409 Meter am späteren Adlerhof) zum Urftsee hin erstreckte. Dennoch hielt man die Bezeichnung „Vogelsang“ für die spätere Burganlage bei. Der Name sollte zudem historische Reminiszenzen ermöglichen. Schließlich hieß auch im Osten die sich gegenüber der mittelalterlichen Stadt Thorn befindende Burg des Deutschen Ordens: *„Vogelsank“.*
Der von Clemens Klotz beauftragte Kölner Baumeister, Architekt Karl-Friedrich Liebermann, wusste von lebhaften Diskussionen mit diesem und Hitlers Lieblingsarchitekten Albert Speer zu berichten, die meist mit dem Zerreißen gerade angefertigter Zeichnungen

endeten. Hinzu kam, dass die Finanzierung – nach heutigen Maßstäben – ausgesprochen abenteuerlich war.

Professor Klotz verwirklichte im Dritten Reich viele überdimensionale Parteiprojekte. In einem Rundfunkinterview am 29. Mai 1965 erinnerte er daran, dass die eigentliche Ordensburg nicht in der Eifel, sondern am Rhein, gegenüber der Insel Nonnenwerth, gebaut werden sollte. Die gewaltigen Anlagen hätten sehr weit in den Strom hineingeragt. Klotz konnte jedoch Robert Ley mit dem Hinweis auf die Aufwendigkeit des Unterfangens von seinem Vorhaben abbringen.
Hauptgrund war jedoch angeblich, dass der Architekt zu dem Nonnenkloster längs eine persönliche Beziehung hatte: *„Ich hatte es nämlich seinerzeit im Auftrage des späteren Kardinals Frings umgebaut und wollte nun den Schwestern die Nachbarschaft mit einer nationalsozialistischen Schulungsstätte ersparen."*

Blick in die Ehrenhalle im Bergfried der NS-Ordensburg Vogelsang mit den Namen der „Gefallenen vom 9. November"

Der erste Spatenstich erfolgte am 15. März 1934. Mit den Bauarbeiten begann man am 20. Juni. Da bereits am 1. Mai 1936 die ersten „Junker" in die Burg eingezogen waren, kann man sich vorstellen, in welchem Tempo die Gebäude hochgezogen wurden. Am Samstag, dem 22. September 1934, fand um 15 Uhr die *„feierliche Einmauerung der Grundsteinurkunde"* in den Turm der *„Schulungsburg Vogelsang"* statt. Dabei änderte sich gelegentlich die Bezeichnung für das „Reichschulungslager", bis man sich 1936 auf den Begriff „Ordensburg Vogelsang" einigte. Die Bevölkerung der Eifel sprach von Anfang an nur von der „Burg" – und tut es eigentlich auch noch heute. Die Worte, die bei der feierlichen Grundsteinlegung gesprochen wurden, entsprachen der Diktion der damaligen Zeit. Robert Ley verkündete: *„Hier sollen Führer für das Volk erzogen werden, keine Theologen, aber Führer, Prediger und Werber, fanatische Menschen, die von dem Glauben an Deutschland beseelt sind, die glauben an das Volk, an die Deutsche Nation, an unser Vaterland und an unseren Führer. Hier soll die neue Idee Deutschlands gezüchtet werden."*

Wissenschaftliche Studien ergaben, dass Adolf Hitler an den drei Ordensburgen im Grunde genommen gar nicht interessiert war. Er „benutzte" sie eigentlich nur, um bei Kreis- bzw. Gauleitertagungen Grundsatzreferate vor einem großen Publikum zu halten. Die Anwesenden hatten dann später als propagandistische Multiplikatoren zu handeln. Die Bevölkerung der Eifel war enttäuscht, dass er bei der offiziellen Einweihung der Ordensburgen Krössinsee in Pommern (heute in Polen) bevorzugte und somit die bedeutendere Burg Vogelsang vernachlässigte. Nur am 20. November 1936 und am 29. April 1937 kam er in die Eifel, um sie aber schon nach wenigen Stunden wieder zu verlassen. Ein angeblich dritter Besuch

Hitlers im Jahre 1938 blieb bisher unbelegt oder fand trotz der gleichgeschalteten Presse nicht die notwendige Erwähnung.
Heute ist der Hinweis des Reichsorganisationsleiters Robert Ley von historischem Interesse, dass die Urkunde, die am 22. September in das Fundament des etwa 50 Meter hohen Bergfrieds eingemauert wurde, nie gefunden werden sollte, damit *„diese Burg ewig bleibe, wie* unser *herrliches deutsches Volk."* Nach systematischer Suche im Jahre 1948 fanden die Engländer den Grundstein. Die Urkunde wurde aus der Kupferrolle herausgeholt und dem „British Museum" in London für die Nachwelt überlassen. Der Stein selber verblieb in der Burg Vogelsang und kann dort heute besichtigt werden. In einem Schreiben vom 20. Februar 1986 teilten das „British Museum" und die „British Library" in London mit, dass das Dokument nicht mehr aufzufinden sei. Später stellte sich heraus, dass dies nicht richtig war.

3. Mit „Kraft durch Freude" zum Drillplatz der „Goldfasane"

Die „härteste Schule der Welt" ■ Deutsche Arbeitsfront und „Kraft durch Freude" ■ Großdeutsche Architektur in der Eifel

Die *„härteste Schule der Welt"* sollte jeder kennen lernen. Der Grund hierfür war nicht nur die großdeutsche Monumental-Architektur und die Protzerei des Nationalsozialismus, sondern das wirkliche Bestreben, Transparenz zu demonstrieren. Während im Mittelalter der Deutsche Orden im Kampf gegen die Pruzzen eine verschworene, isolierte Männergesellschaft mit christlichem Sendungsbewusstsein darstellte, sollte im Dritten Reich jeder wissen, was sich hinter den Mauern der Ordensburg Vogelsang abspielte.
Wie die meisten Diktaturen war auch der Nationalsozialismus von Anfang an bestrebt, seine Macht nicht nur räumlich auszudehnen, sondern auch zeitlich zu sichern. Daher sollte die politische, wirtschaftliche und verwaltungstechnische Leitung Deutschlands und Europas auf Generationen hinaus einem nationalsozialistisch geschulten und geprägten Führerkorps zufallen. Symbolisch wurde daher bereits zu Beginn des Dritten Reiches eine Unzahl staatlicher Kolossalbauten erstellt, die als Ausbildungsstätten der Jugend und des

1936: In nur 2 Jahren erbaut: die NS-Ordensburg Vogelsang in der Eifel

Parteinachwuchses dienen sollten.

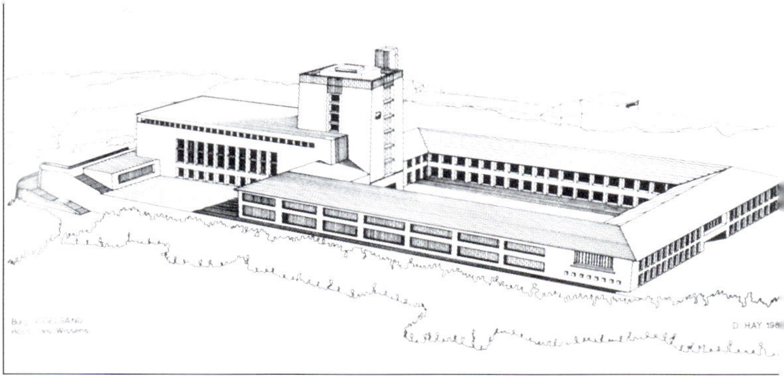

Baupläne der Ordensburg - Haus des Wissens (gezeichnet von Dieter Hay)

Schon im ersten Bauabschnitt für die Ordensburg Vogelsang wurden 270000 Kubikmeter Erde und Fels in andauernder Sprengarbeit bewegt und allein 8000 Kubikmeter Grauwacke aus den Brüchen von Monschau angefahren und verarbeitet, da der am Platz gewachsene Bruchstein sich als ungeeignet erwies. Die spätere Ordensburg Vogelsang, die die *„Idee der rassistischen Philosophie“* vermitteln sollte, wurde als *„beispielgebendes Bauwerk“* erstellt, als Protest gegen die bisherige *„jüdische Beeinflussung und deren Verderben bringende Wirkung in der Architektur“*.

In vielen Ansprachen der nationalsozialistischen Machthaber wurde deutlich, dass Vogelsang mit Antisemitismus und Rassenwahn in Verbindung gebracht werden musste. Reichsorganisationsleiter Robert Ley gab seinen Bauleitern die nachweisbare Devise aus: *„Denjenigen, die in der Burg Vogelsang ausgebildet werden und so zu nationalsozialistischen Führern werden, wird die Burg jeden Tag von neuem ein Sinnbild der Größe und Würde der nationalsozialistischen Weltanschauung sein!“* In den Archiven findet man viele Modelle, Zeichnungen und Entwürfe, wie Vogelsang einmal in vollendeter Form aussehen sollte. Eine Zusammenschau, die allerdings einem letzten Entwurf wohl am ähnlichsten sein dürfte, entwickelte der Euskirchener Sonderschulrektor Dieter Hay. Unter Vorlage handgezeichneter Pläne von Prof. Clemens Klotz entwickelte er eine genaue Vorstellung vom Endzustand der Ordensburg Vogelsang.

Durch ein großes Eingangsgebäude, das etwa dort entstehen sollte, wo sich heute auf der Zufahrtsstraße die ehemalige Wache befindet, fand man Einlass in eine riesige Burganlage. Parallel zur Zufahrtsstraße, zum Morsbachtal hin, sollte ein 2000 Betten umfassendes „Kraft- durch- Freude-Hotel“ mit einem großen Saalbau entstehen. Robert Ley wünschte die Nähe von KdF- Hotel und Ordensburg, *„um klösterliches Gehabe auszumerzen“*. Nach Fertigstellung der drei Hotels in Krössinsee, Sonthofen und Vogelsang, so die damaligen Vorstellungen, wäre es möglich gewesen, jährlich etwa eine Million Menschen als Gast zu haben. Somit wäre im Zeitraum eines Lebensalters jeder Deutsche in die Lage versetzt worden, in nächster Nähe der Ordensburgen seinen Urlaub zu verbringen. Dann hätte er einen Begriff von der *„härtesten Schule der Welt“* bekommen.

Im Bereich dieser Bauten sollte das Morsbachtal ein riesiges Schwimmbecken aufnehmen. Gegenüber, also westlich der Zufahrtsstraße, sollte eine Reithalle für zunächst 30, dann 200 Pferde erbaut werden. Es folgten Gästehäuser, ein Gemeinschaftshaus für etwa 70 weibliche Angestellte sowie Wachgebäude und Werkstätten. Mit dem Ausbau eines weit verzweigten Netzes von Wanderwegen und mehreren dazugehörigen Schutzhütten sollte ein riesiges Erholungsgebiet, in dessen Mittelpunkt der bereits erwähnte Hotelkomplex stand, dem Erholungssuchenden erschlossen werden. Die Fortsetzung nach Westen bildeten die Nebenräume der Exerzier- und Sporthalle. Diese Anlage sollte sich zum *„Haus des Sportes“* entwickeln.

Den eigentlichen Schulungsbereich betrat man durch die Wache, die sich auch bis 2005 dort noch befand. Durch das *„Haus des Wissens“* sollte man dann über Freitreppen zum jetzigen Adlerhof gelangen. Dort, wo sich heute die leere belgische Kaserne Van Dooren im Zentrum der Burganlage befindet, wollte Architekt Prof. Klotz das neue Schulungsgebäude als eine monumentale Repräsentationsarchitektur entstehen lassen. Wenn auch die „Dürener Zeitung“ vom 8. Dezember 1936 meinte, dass in wenigen Monaten der gewaltige Bau erstellt sein könnte, wissen wir doch, dass es nicht gelang, die Pläne zu realisieren. Das Gebäude sollte als Mittelpunkt einen großen Festsaal umfassen, der zusammen mit der Galerie etwa 2000 Sitzplätze umfasste. Eine Bühne, über der ein 48 Meter hoher Turm mit einem weithin sichtbaren Schwert entstehen sollte, war 24 Meter tief.

Die Baupläne wiesen einen Turm mit vertikaler Schallöffnung auf, um ein Glockenspiel und die Klänge eines Orgelwerkes weithin hörbar zu machen. Um einen Innenhof im Viereck gruppiert, erhoben sich zweigeschossige Gebäude, die unter anderem die gewaltige Empfangshalle für die vielen Gäste, einen Lehrsaal für Rassenkunde, einen Lesesaal und eine Bücherei mit 35 000 Bänden erhalten sollten. Über 18 Meter tief hinab gelangte man vom „Haus des Wissens“ in den Burghof, dessen steinerne Adler ihm den Namen „Adlerhof“ gaben. In Ausnutzung der Topographie wurden zum Stausee hin die heute noch vorhandenen Kameradschaftshäuser, Sportplatz, Schwimmhalle, Schießstand, Turnhalle usw. erstellt. Das Denkmal des Fackelträgers sollte ein Bestandteil einer Freilichtbühne oder Thingstelle werden.

1. Mai 1936: Musterung der ersten „Führeranwärter“ – noch in Zivil

4. Hitler kam nur zur Stippvisite, Göring ließ sich gerne feiern

Ein NSDAP-Projekt in einer kargen Landschaft ▪ Film: „Festung des Geistes" ▪ Angeber und Mitläufer

Der Text der Urkunde, die am 22. September 1934 mit dem Grundstein eingemauert wurde, war den meisten Anwesenden damals unbekannt. Erstmals wurde er nach dem 2. Weltkrieg von den englischen Besatzern in der Soldatenzeitung „Soldier" vollständig abgedruckt. Zumindest die alliierten Militärs erfuhren nachträglich, dass die NS-Ordensburg Vogelsang der „*Fundamentierung der nationalsozialistischen Weltanschauung für alle Generationen*" dienen solle. Auch die künftigen Gegner und deren Ideologien wurden ausdrücklich betont: „*Es geht um die Durchdringung der deutschen Volksseele im großen Umbruch der Werte, vom Liberalismus, Marxismus, proletarischen Standpunkt, feigen orientalischen Denken zum nordisch freien, stolzen, heldischen, deutschen Wesen in der Volksgemeinschaft.*"

Besucher der Baustelle waren beeindruckt, mit welcher Schnelligkeit die künftige Burg Vogelsang hochgezogen wurde. Dies gab auch den Bewohnern des Kreises Schleiden das Gefühl, wohl nur die Nationalsozialisten seien in der Lage, die große Arbeitslosigkeit abzubauen. Tatsächlich war 1935 hier auch die erste Region im Deutschen Reich, die frei von Arbeitslosigkeit war. So vergaßen viele, dass man diesen glücklichen Umstand nur dem kolossalen Parteibauwerk „Ordensburg Vogelsang" zu verdanken hatte. In den nächsten Jahren ging es nun der Landbevölkerung besser. Erstmals stand man für wenige Stunden oder Tage sogar im Rampenlicht, wenn sich die NSDAP-Prominenz zur Fahrt in die unwirtliche Eifel und zur NS-Ordensburg herabließ.

Vergessen waren die Nöte der jüngsten Vergangenheit. 1931 lebten in der Bürgermeisterei Dreiborn, zu der Vogelsang verwaltungsmäßig gehören sollte, insgesamt 3436 Einwohner. Flächenmäßig war sie die größte Gemeinde und der zweitgrößte Verwaltungsbezirk in dem kleinen Kreis Schleiden, stand jedoch hinsichtlich der genannten Einwohnerzahl an sieb-

22. September 1934: Ein Teil der Arbeiterschaft bei der feierlichen Grundsteinlegung

Besucher der Ordensburg 1936-1939

Hermann Göring mit Burgkommandant Manderbach (r.) und Robert Ley (l.). Ganz links der Gauleiter von Köln-Aachen, Josef Grohé

Bild links: Propagandaminister Goebbels (u.a. November 1936 und April 1937)

Bild unten: Reichskriegsminister von Blomberg (April 1937)

Der italienische Arbeiterführer Cianetti (Februar 1937)

Der italienische Korporationsminister Lantini (Dezember 1938)

Der japanische Botschafter Oschima (1939)

ter Stelle der damaligen 13 Verwaltungsbezirke. Diesem kleinen Bürgermeisteramt sollte die NS-Ordensburg Vogelsang künftig zugehörig sein. Vorläufig war das winzige Standesamt, das höchstens 10 bis 15 Personen aufnehmen konnte, für Vogelsang zuständig. Später erhielt die Burg ein eigenes Standesamt und verlagerte auch die *„braunen Trauungen"* hierhin. Nun konnten alle Gäste, Stammführer und Kameradschaften gemeinsam an einer solchen Eheweihe teilnehmen.

Rückblickend lässt die Viehzählung vom 1. Dezember 1931 die landwirtschaftliche Situation der Gemeinde Dreiborn erkennen: 3012 Stück Rindvieh, 144 Pferde, 1054 Schweine und 11340 Hühner. Das Waldvermögen in der Größe von rund 1700 preußischen Morgen war beeindruckend. Doch die Schul-, Wohlfahrts- und Wegebaulasten drückten so gewaltig, so dass Bürgermeister Wiersteiner gezwungen war, sich auf jede Art und Weise um die baldige Sanierung der Gemeindefinanzen zu kümmern. Aber nach der Weltwirtschaftskrise und bei den politischen Problemen der Weimarer Republik wollte vorläufig keiner in die wirtschaftlich uninteressante Eifel investieren. Im Volksmund galt sie immer noch als das „Sibirien Deutschlands".

Rudolf Heß, dahinter Himmler (April 1937)

Außerdem war der Kreis Schleiden durch seine Grenzlage keineswegs begünstigt. Der 22 km lange Grenzstreifen in Richtung Belgien war die Ursache für viele Probleme. Eines davon war der Schmuggel in den undurchdringlichen Wäldern. Auch die schlechte Infrastruktur verhinderte jegliche Investition von außerhalb. Die früher vorherrschende Holzindustrie hatte infolge des Verfalls der Preise während der wirtschaftlichen Rezession besonders zu leiden. Es kam so weit, dass schließlich fast jeder Dritte im gesamten Kreis Schleiden arbeitslos geworden war.

Dies war nun vorbei. Der erste Spatenstich zur „Schulungsburg Vogelsang" war am 15. März, die Grundsteinlegung am 22. September und das Richtfest bereits am 15. Dezember 1934. Das war beeindruckend und brachte den Nationalsozialisten im Eifelgebiet Sympathien ein.

Das Richtfest wurde in der deutschen Presse stark beachtet; gleiches galt für den im Aachener Atelier Schmeck hergestellten Film „Festung des Geistes". Reichsorganisationsleiter Dr.Robert Ley wünschte, dass dieser Film nicht nur im Gau Köln-Aachen, sondern im gesamten Deutschen Reich zu sehen sein sollte, *„weil das, was die einzelnen Bilder und Szenen zeigen, ein mitreißendes und überzeugendes Signal des arbeitenden und auf allen Gebieten um neue Gestaltung ringenden Deutschlands Adolf Hitlers ist!"* Ein weiterer Film über die spätere Ausbildungsarbeit auf der Burg Vogelsang sowie deren Resonanz bei der nationalsozialistischen Führung wurde von 1937 bis 1939 gedreht und gelangte als Beutegut in die Hände der siegreichen Amerikaner, die am 4. Februar 1945 die Ordensburg beinahe kampflos einnahmen.

Noch immer wurde Franz Binz, der Kreisleiter von Schleiden, als so genannter „Burgkommandeur" (!) in den Akten geführt. In dieser Funktion unterschrieb er auch die Grund-

Steinurkunde. Aber schon nahm der Planungsumfang größere Dimensionen an. Am 30. Juli 1935 wurde Reichshauptamtleiter Richard Manderbach mit der künftigen Führung beauftragt.

Dieser ehemalige Offizier des Ersten Weltkrieges, Hauptmann der Luftwaffe und Angehöriger des Deutschen Reichstages hatte auch eine steile nationalsozialistische Karriere vor sich: Bezirksleiter, Gauredner, Gauinspekteur, Reichsinspekteur, Reichsbeauftragter des Stellvertreters des Führers, Stadtverordneter, Mitglied des Preußischen Landtags von 1932/33 etc.

Heute weiß man, dass der einst deutschnationale, dann nationalsozialistische Kommandant preußischen Zuschnitts nie die Sympathie der so genannten „Führeranwärter" erringen konnte. Desinteressiert sah man ihn am 10.6.1939 scheiden, als bekannt wurde, dass er heimlich sein Kind hatte taufen lassen.

Reichsorganisationsleiter Robert Ley besichtigte häufig die Rohbauten oberhalb des Urftsees. Dabei wurde er meist von einer Wache, aber auch von Architekt Prof. Clemens Klotz und Bauleiter Karl-Friedrich Liebermann begleitet. Zu demselben Anlass soll Adolf Hitler nach glaubhaften Berichten von Bauleiter Liebermann zweimal auf der Baustelle von Vogelsang gewesen sein. Seine je 30minütige Stippvisite war derart überraschend, dass sie erst Kreisleiter Binz gemeldet wurde, als Hitler schon wieder weg war.

Später war Hermann Göring häufig ein gerngesehener Gast auf Vogelsang. In oft abenteuerlichen Uniformen tauchte er – nach gründlicher Anmeldung – bei Kommandant Manderbach auf und genoss dann sichtlich den Appell der angetretenen 500 Junker. Noch lieber reiste er angeblich ins benachbarte Hellenthal, wo er nicht nur in Bürgermeister Fischer einen glühenden Verehrer hatte, sondern auch ein Jagdgebiet vorfand, das dem Reichsjägermeister angemessen schien. Spätere Aufzeichnungen von Augenzeugen geben jedoch darüber Aufschluss, dass dies höchstens zweimal geschehen sein soll. Ein Brief des fanatischen Bürgermeisters teilte nach dem Krieg einem Bekannten in Blumenthal mit, dass die angeblich häufige Göring-Präsenz in Hellenthal nur der Propaganda dienen sollte. Er selber habe diese Behauptung auswärts in die Welt gesetzt, um sich mit seinem Bürgermeisteramt zu profilieren.

In der bautechnischen Dimension, der geographischen Lage und in ihrer Aufgabe war Vogelsang zweifellos die bedeutendste der insgesamt drei Burgen der NSDAP. Daher waren die Eifelbewohner enttäuscht, als Adolf Hitler am 24. April 1936 die Einweihung nicht auf Vogelsang, sondern in Krössinsee vornahm. Die Rede der feierlichen Übergabe befindet sich heute im Deutschen Rundfunkarchiv. Sang- und klanglos wurde an diesem Tag nur die Fahne auf Vogelsang gehisst. Damit war auch diese Ordensburg ihrer Bestimmung übergeben.

Am 1. Mai rückten 500 Junker ein – vorbei an den Posten der SS, die auf den Ordensburgen allerdings nur das Wachpersonal und die Ehrenwache stellte. Drei Tage später wurde der Lehrbetrieb aufgenommen. Alfred Rosenberg, der „Beauftragte des Führers für die Überwachung der gesamten geistigen und weltanschaulichen Schulung und Erziehung der NSDAP" sprach im großen Hörsaal vor den Teilnehmern des ersten Lehrgangs. Am 19. November 1936 durchfuhr „Judenhasser" Julius Streicher – stark umjubelt – die Altkreise Euskirchen und Schleiden. Er kam, um vor den Junkern seine Philosophie zu propagieren.

Ab November 1936 wurde auch an den Häusern einer künftigen „Dorfgemeinde Vogelsang" gebaut -– etwa 2 km von der Burg entfernt. Hier sollten Angestellte und Lehrer mit ihren Familien wohnen. Als Ruinen gehörten sie nach dem 2. Weltkrieg zum Manövergebiet des belgischen Truppenübungsplatzes, wo auch NATO-Truppen den Häuserkampf trainierten. Die letzten wichtigen Einheiten wurden von hier aus direkt nach Bosnien geschickt.

5. Den „deutschen Rittern" winkte eine steile Parteikarriere

Robert Ley und seine Pläne ▪ Der „Weg zur Ordensburg" ▪ Die Voraussetzungen der „Junker" ▪ Der Tagesablauf der „Führeranwärter"

Während das „absolut Neue" in vielen Reden und Ansprachen immer wieder betont wurde, gab es dennoch oft einen Grund zur Rückbesinnung auf die deutsche Historie. Nicht ganz unschuldig an dieser Tatsache war Alfred Rosenberg, der seit 1934 als „Beauftragter des Führers für die Überwachung der gesamten geistigen und weltanschaulichen Schulung und Erziehung der NSDAP" fungierte. Diese farblose Persönlichkeit sah in dem populären Führer der Deutschen Arbeitsfront, Dr. Robert Ley, eine Konkurrenz in einem eigentlich ihm zugedachten Bereich. Ley war zu dieser Zeit einer der mächtigsten Männer des jungen Dritten Reiches. Radikal hatte er am 2. Mai 1933 die Gewerkschaftshäuser von SA und Polizei besetzen lassen. Danach ließ er den Besitz der aufgelösten Organisationen beschlagnahmen. Es kann vermutet werden, dass ein Teil des Geldes in die Finanzierung der Ordensburgen gesteckt wurde.
Robert Ley war tatsächlich der einzige Initiator der Ordensburgen und wurde diesbezüglich auch von Hitler – in der Rede zur Übergabe der Bauwerke am 24. April 1936 – gewürdigt. Als Führer der Deutschen Arbeitsfront, die 1942 über 25 Millionen Mitglieder hatte und somit die größte Arbeiterorganisation der Welt war, und als Begründer der populären Organisation Kraft-durch-Freude hatte er viele Sympathien bei der breiten Masse. Jovial verhielt er sich zu „seinen" Männern auf der Ordensburg Vogelsang: breitbeinig saß er auf dem Stuhl, wies ihm angemessene Speisen zurück und verlangte dieselbe Erbsensuppe, wie sie den „Junkern" in dem großen Speisesaal aufgetragen wurde. Kein Wunder also, dass er auch Angehörigen der unteren sozialen Schichten Zugang zu den „Reichsschulungsburgen" verschaffen wollte.

Auf der Prominenten-Empore über dem Appelplatz v.r.n.l.: Dr. Robert Ley, Hermann Göring, Gauleiter Grohé und Burgkommandant Manderbach

Anfangs war vorgesehen, dass nach absolvierter Volksschulzeit, Lehre und aktivem Parteidienst eine Aufnahme an der „Schulungsstätte Vogelsang" unter gewissen Umständen möglich war. Die Semantik und Bezeichnungen pendelten sich ab April 1936 auf „Ordensburg" ein. Dabei kam es hauptsächlich auf die Nominierung durch den jeweiligen Gauleiter an. Rassische Präferenz und politische Zuverlässigkeit waren hierbei zweifellos Voraussetzung.

Als Robert Ley sogar einmal für sich selbst die Aufsicht über das gesamte Volksschulwesen und die berufliche Ausbildung forderte, gingen Alfred Rosenberg und Rust energisch gegen ihn an. Besonders die von Ley in Aussicht gestellten wissenschaftlichen Institute auf „seinen" Ordensburgen (1938) brachten Rosenberg in Harnisch, zumal er die avisierte Partei-Universität („Hohe Schule") auf dem Gelände der NS-Ordensburg Vogelsang unter seine eigene Aufsicht bringen wollte.

Ein Stammführer der Ordensburg Vogelsang mit seiner Familie

Die Auseinandersetzungen zwischen Robert Ley und Alfred Rosenberg trugen unwillkürlich zur Einschränkung der methodisch-didaktischen Zielsetzung für die Ordensburgen bei. Obwohl Ley schon 1934 die „Schulung des politischen Partei-Nachwuchses" forderte und absolute „Chancengleichheit" einräumte, war es doch Alfred Rosenberg, der den drei Ordensburgen Krössinsee, Sonthofen und Vogelsang ein mystisch verbrämtes Flair verleihen wollte und wie Himmler eine besondere Vorstellung davon hatte.
Bisher war der Traum von einem elitären Orden wissenschaftlich nicht aufgenommen oder durch Robert Ley absichtlich negiert worden. Doch Rosenbergs Rede über den „Deutschen Ordensstaat" am 30. Mai 1934 an geschichtlich geweihter Stätte – in der Marienburg der Deutschordensritter –, prägte das Verständnis offenbar bis zur Gegenwart.
Als Orden bezeichnete er den *„Kern von Menschen, der aus einer Gesamtheit von 70 Millionen Deutschen ausgelesen und zusammengefügt ist"*. Dieser erhält die besondere Aufgabe der Staatsführung übertragen. Auch der Aufsatz Rosenbergs über den *„Ordensgedanken des 20. Jahrhunderts"* in der ersten Nummer des „Schwarzen Korps" (1935) wiederholte seine Betrachtungsweise.
Eine diesbezügliche Terminologie fand Eingang in das nationalsozialistische Vokabular. Auslese und Heranbildung der künftigen „Führeranwärter" wurden von der Propaganda als tatsächlich elitär dargestellt. Sie war aber methodisch geschickt derart auf die Verwaltung deutscher Diktatur ausgerichtet, dass die Ausbildung auf den Ordensburgen selbst in der Zeit des Dritten Reiches „sagenumwoben" blieb.
Die drei Ordensburgen Krössinsee, Sonthofen und Vogelsang sollten ursprünglich ab 1936 jährlich je 500 „Führeranwärter" ausbilden. Der erste Lehrgang insgesamt – und zwar auf der Ordensburg Vogelsang (1. Mai 1936 bis 10. März 1937) – hatte eigentlich nur provisorischen Charakter und sollte den notorischen Mangel an ausgebildeten Führungskräften beheben helfen. Erst am 1. Juni 1937 begannen eigentlich die richtigen Jahreskurse.

Begutachtung potenzieller „Führeranwärter"

Der „*Weg zur Ordensburg*", wie auch der Titel einer gleichnamigen Broschüre lautete, stellte an die künftigen politischen Führer folgende drei Grundforderungen:

1.) *Er muss einen sicheren Instinkt und damit einen gesunden Menschenverstand haben.*
2.) *Er muss in jeder Beziehung ein ganzer Kerl sein.*
3.) *Er muss den Willen haben, sein Wissen soweit wie möglich zu vervollkommnen.*

Robert Ley glaubte, dass diese drei Bedingungen in den Augen von Akademikern als primitiv erscheinen müssten, dass jedoch eine erste Musterung schon eine sehr strenge Auslese darstellen würde. Ja, bei „*rücksichtsloser Auswahl aller deutschen Männer*" würden sich höchstens 800 bis 1. 000 künftige „Führeranwärter" herauskristallisieren.
Diese Auslese sollte angeblich Reifeprüfung oder Mittlere Reife voll ersetzen können. Offizielle Examina in der Öffentlichkeit lehnte Robert Ley ab. Selbst Dienststellen der politischen Organisationen sollten keine Befugnis bekommen, einen handgeschriebenen Lebenslauf der Anwärter anzufordern oder ein standardisiertes Examen abzuhalten. Eine Prüfung würde nämlich bewirken, dass „*diejenigen, die nach mir dafür die Verantwortung innerhalb der Partei tragen müssten, schon die mittlere und alsdann die Übernächsten die höhere Reife verlangen würden. In hundert Jahren würde bereits das erste theologische Examen abgelegt. Um das zu verhüten und um niemals wieder in die Fehler der Vergangenheit zu fallen, werde ich keine Examen für die Auslese benutzen, sondern darauf bestehen, dass die oben angeführten drei Bedingungen kompromisslos, hart durchgeführt werden*".
Auf die Frage, wie nun diese Parteigenossen auf den Ordensburgen zu Führern der NSDAP herangebildet werden sollten, wurde von Ley erneut hervorgehoben, dass „*die Weltanschauung des Nationalsozialismus, der Glaube an Deutschland und das mannhafte Eintreten für diesen Glauben*" in der „*Erbanlage des betreffenden Menschen*" vorhanden sein müssten. Über die Logik dieser Aussage sollte man sich heute einmal Gedanken machen!!!

In Bezug auf die künftige Methodik und Didaktik teilte Robert Ley mit:
„Der Glaube an die Richtigkeit der nationalsozialistischen Weltanschauung kann wissenschaftlich untermauert werden. Gewiss, bis zur letzten Tiefe dringt auch unsere fortgeschrittene Wissenschaft nicht vor. Ja, gerade darin liegt das Wesen unserer Weltanschauung, dass sie unbegrenzt und ewig ist, d.h. dass sie nie bis in ihre letzten Tiefen hinein ausgedacht werden kann. Man wird immer wieder, sobald man einen Schleier der Erkenntnis von den Geheimnissen der Weltanschauung hinweg gezogen hat, einen neuen Schleier entdecken. Es kann sich hier immer nur um den Suchenden, um den ewigen Wanderer handeln!"

Der Weg zur Ordensburg sollte nach entsprechender „Berufung" zudem noch folgende Bedingungen und Voraussetzungen erfüllen (1935/36):

1.) *Alter mindestens 25, nicht über 30 Jahre,*
2.) *Dienstleistung in der Hitlerjugend, Ableistung der Arbeitsdienst- und Wehrpflicht,*
3.) *völlige körperliche Gesundheit,*
4.) *keinerlei körperliche Behinderung,*
5.) *rassisch einwandfrei,*
6.) *frei von erblicher Belastung,*
7.) *Ariernachweis gemäß den Richtlinien für Politische Leiter*

Da zum 1. Mai 1936 zunächst nur die NS-Ordensburg Vogelsang mit 500 Mann belegt werden sollte, sollte jeder Gau eine vorgeschriebene Zahl von Parteigenossen auswählen. Unterlagen waren bis zum 20. Januar 1936 an das jeweilige Gau-Personalamt einzureichen, damit dieses einen ausgefüllten Originalfragebogen bis zum 1. Februar 1936 an das Hauptpersonalamt des Reichsorganisationsleiters weiterreichen konnte. Erst danach sollte durch eine eingesetzte Kommission eine eingehende Musterung unter Hinzuziehung von Amtsärzten stattfinden.

500 Männer und die gesamte Burgmannschaft mit Personal und Lehrkräften mussten bei Kräften bleiben. Hierzu gab es eine stattliche Küchenbrigade. Grundsätzlich kam das Personal – mit Ausnahme der Lehrkräfte – meist aus der unmittelbaren Umgebung von Dreiborn, Gemünd, Schleiden, Heimbach und Monschau. Die Familienangehörigen der „Junker" ließen sich aber hauptsächlich in Gemünd nieder. Das Lazarett unter Leitung von Dr. Wunsch stand auch den Bewohnern von Dreiborn zur Verfügung, und manches Kind erblickte hier das Licht der Welt.

Hauptamtliche Lehrkräfte, aber auch Gastlehrer fanden in der Burg Vogelsang ihren Einsatz. Die Hauptunterrichtsfächer waren: Rassenlehre, Geschichte, Weltanschauung und Philosophie, Kunst und Kultur, Wirtschafts- und Soziallehre, Wehrwissenschaft. Es war kein Zufall, dass Rassenlehre als erstes Fach im Unterrichtskanon geführt wurde. Die meisten Lehrer wohnten ab 1937 im benachbarten „Dorf Vogelsang", das man neu errichtet hatte.

Nach einsatzbereiter Parteiarbeit bestand die Möglichkeit – nach einer *„Ausmusterung"*, die Reichsorganisationsleiter Robert Ley meist selbst vornahm –, zu den 500 Junkern der jeweiligen Ordensburg zu gehören. Dies sollte die beste Karriere sein, die einem Parteiangehörigen ermöglicht werden konnte. Später war ein qualifizierter Einsatz in der höheren Verwaltungsarbeit vorgesehen. Die Zeitung „Der Ruhr-Arbeiter" vom 3. Dezember 1937 gibt wohl am besten den Tagesablauf eines Junkers auf Vogelsang wieder. Der Text ist exemplarisch und wurde sogar Anfang Februar 1945 mit melancholischer Stimme im Radio vorgelesen, nachdem Stunden vorher die NS-Ordensburg in der Eifel von amerikanischen Einheiten eingenommen worden war:

„Schon früh beginnt das Tagewerk. Nach dem Wecken ist mit dem Frühsport um 6 Uhr morgens die Burgschaft im ersten Dienst. Nach Waschen und Ankleiden sind Schlaf- und Wohnräume in Ordnung zu bringen. Um 7 Uhr stehen die Männer mit ihren Führern an der Fahne, um für des Tages Geleit ein Wort des Führers zu hören. Ein kurzes Kommando; kameradschaftsweise Abrücken zum Frühstück! Die weiß gedeckten Tafeln des Speisesaals vereinen uns zur ersten Mahlzeit. Danach ist noch Gelegenheit, einiges in Ordnung zu bringen, ein Buch aus der Leihbücherei zu holen. Um 8 Uhr versammelt sich dann jede Kameradschaft im Seminarraum ihres Hauses. Zwei Stunden stehen zur Verfügung, den Hauptvortrag des Vortages in gegenseitiger Aussprache durchzuarbeiten oder kommende Themen vorzubereiten. Um 10 Uhr hat jeder seinen Platz im großen Hörsaal des Hauptgebäudes eingenommen, wo bis 12 Uhr ein Haupt- und Gastlehrer der Burg eine Vorlesung oder einen Vortrag hält. Bereits um 12.15 Uhr hat sich die Burgschaft dem Führer vom Dienst zu stellen. Der Burgwachtmeister gibt Parole und Tagesbefehl bekannt und lässt dann zum Mittagbrot abrücken (...). Nachmittags folgen Sport, Arbeitsgemeinschaften, militärische Übungen. Um 22 Uhr war dann nach einem sehr anstrengenden Tag – besonders wegen des nachmittäglichen Geländesports – Zapfenstreich."

Die Strenge der Auswahl, die rassische Priorität und die eigentlich nicht vorgesehene elitäre Abgeschiedenheit der „Burgjunker" erweckten überall den Eindruck, als wenn die Männer, die sich später alle im Alter zwischen 23 und 26 Jahren befanden, einem Orden angehören würden. Diese öffentliche Einschätzung wurde ab 1937 bewusst bestärkt. Besonders die Idee, dass man nun doch die logische Fortsetzung des mittelalterlichen Deutschen Ritterordens sei, verpflichtete die Männer.

Die Ulrich-von-Hutten-Feier (1938/39) symbolisierte nun auf einmal die doch gewünschte Symbiose von Rittertum und Junkertum. In einem berühmt gewordenen Bild reiten Ulrich von Hutten und ein markiger Junker vor der Burg Vogelsang einher. Mächtig ragt im Hintergrund der Turm des „Hauses des Wissens" in den Himmel. Das Gebäude wurde jedoch ebenso wenig errichtet, wie es zur Symbiose von Rittertum und Junkertum kam.

„Geht in den Fußstapfen, wo schon eurer Väter Tugend ging! Wie wollt ihr hochsteigen, wenn nicht eurer Väter Wille mit euch steigt!"
Georg Sluytermann von Langeweyde

6. Die Hochzeiten der „braunen Junker" auf der Ordensburg Vogelsang

Kirchenfeindliche Ausrichtung ▪ Die „absolute Ehetauglichkeit der Braut" ▪ „Braune Hochzeiten" und „Eheweihen"

Das katholische Ehesakrament und das Eherecht wurden im Dritten Reich Gegenstand besonderen nationalsozialistischen Hasses und Angriffes. Das „Schwarze Korps" zum Beispiel polemisierte am 11. Februar 1937 gegen die Päpstliche Ehe-Enzyklika. Am 1. April 1937 und am 17. Februar 1938 wurden die katholische Lehre von der Ehe und besonders das Dispenswesen angegriffen.
Schließlich wandte sich der Nationalsozialismus – trotz des heftigen Widerstands der Kirche – gegen die gesamte katholische Glaubenslehre. Grundsätzlich galt, „*dass die christlichen Grundsätze in Bezug auf das 6. Gebot als überholte Moral gewertet*" werden sollten. Das „Schwarze Korps", das nicht nur von den wenigen SS-Wachsoldaten der Ordensburg Vogelsang, sondern auch von den Führeranwärtern im Parteidienst gelesen wurde, schrieb sogar schon am 30. Dezember 1937: „*Wir können es uns nicht leisten, die Kinder der Frauen zu verlieren, die zum Überschuss gehörig, Mütter werden können, aber keine Gattinnen!*"
Bei diesem Wandel der damals herrschenden Moralbegriffe und der Auffassung von Ehe war eine Hochzeit für die meisten Junker der Ordensburgen nur ein rein bürgerlich-rechtlicher Akt. Es ist leicht nachzuvollziehen, dass sich die so genannten Führeranwärter der NS-Ordensburgen der neuen Auffassung anzupassen hatten. Je engagierter und ehrgeiziger sie waren, desto mehr wurde ihnen eine kirchliche Trauung verübelt. Die Kirchenfeindlichkeit gipfelte in der Gleichsetzung, wenn nicht sogar Überhöhung Hitlers gegenüber Jesus. Ein Text aus damaliger Zeit lautete: „*Wie Jesus die Menschen von der Sünde und Hölle befreite, so rettete Hitler das deutsche Volk vor dem Verderben. Jesus und Hitler wurden verfolgt, aber während Jesus gekreuzigt wurde, wurde Hitler zum Kanzler erhoben. Während die Jünger ihren Meister Jesus verleugneten und ihn im Stich ließen, fielen einst 16 Kameraden für ihren Führer. Die Apostel vollendeten das Werk ihres Herrn. Wir hoffen, dass Hitler sein Werk selbst zu Ende führen darf. Jesus baute für den Himmel, Hitler für die deutsche Erde!*"
In seiner Schrift „*Der Weg zur Ordensburg*" (1935/36) hatte Reichsorganisationsleiter Robert Ley den Wert der „*Rassenreinheit*" sowie die Einheit von Führeranwärter und Partei mehr als deutlich propagiert. Insofern war von Anfang an bekannt, dass jegliches Privatleben der „Burgjunker" – wie sie jetzt immer häufiger von der Bevölkerung der Eifel genannt wurden –, der Ideologie der NSDAP untergeordnet sein musste. Auch die religiöse Haltung der Männer wurde überprüft.
Für ihre Eheschließungen galten ganz besondere Vorschriften. Sie besagten zum Beispiel: „*Ehen sind sofort zu verbieten, wenn nicht die arische Abstammung der Partner und das gesunde Erbgut garantiert sind.*" Die „*absolute Ehetauglichkeit der Braut*" sowie der „*restlose Nachweis der arischen Abstammung beider Ehegatten bis zum festgesetzten Stichtag (1. Januar 1800)*" waren unbedingt erforderlich.

Der Austritt aus der katholischen oder evangelischen Kirche war fast immer Voraussetzung dafür, in der NSDAP Karriere zu machen. Man fand ein schützendes Feigenblatt für die Blöße des Kirchenaustritts, nämlich den Begriff „gottgläubig". Das klang anders als „ungläubig" oder „heidnisch" oder „freireligiös". Es klang sogar positiv, wenn es auch

„Eheweihe“ im großen Hörsaal der Ordensburg Vogelsang

in erster Linie negativ gedacht war, nämlich als „nicht kirchengläubig“. Bald wurden die üblichen Trauungen für Junker umfunktioniert. Im Volksmund hießen sie jetzt „*Braune Hochzeiten*“ oder offiziell „*Eheweihen*“.

Auch die Führeranwärter der Ordensburg Vogelsang wurden von Anfang an am Kirchgang gehindert. Kommandant Manderbach soll angeblich gesagt haben: „*Die Junker können Gottesdiensten in Gemünd in Zivilkleidung beiwohnen. Freilich, die meisten haben keine Zivilkleidung dabei!*“ Ab Mai 1936 – dem Beginn des Lehrbetriebes in der Burg Vogelsang – häuften sich besonders bei der evangelischen Kirche in Gemünd die Kirchenaustritte. Der Gemünder Pfarrer Helmut Scheler fand 1986 – unter Berücksichtigung der Unterlagen von Parrer Rocholl – heraus, dass bis zum 23. Dezember 1936 schon 297 Kirchenaustritte vom Amtsgericht Gemünd registriert worden waren.
Die Fest- und Feiergestaltung der Nationalsozialisten unterschied sich grundsätzlich von der des angeblich „*jüdisch-orientalischen Christentums*“. Betagte Bewohner von Dreiborn erinnern sich noch heute schadenfroh daran, wie wenig der kleine Raum des dortigen Standesamtes für die pompösen Hochzeiten der Junker geeignet war, die am liebsten schon 1936 mit Glanz und Gloria, Fahnen und Marschmusik aufgewartet hätten. Als Standesbeamter fungierte zudem der Beigeordnete, wenn er nicht gerade an dem Tage als Bauer auf dem Felde war. Zur ersten Trauung kamen zum Beispiel mehrere KdF-Busse aus Köln, denen etwa 100 Hochzeitsgäste entstiegen. Die Damen trugen lange Kleider, und die Männer präsentierten sich in Galauniform. Wie enttäuscht war man jedoch, dass in dem kleinen Dreiborner Standesamt nur wenige Gäste Platz fanden. Die anderen mussten im Flur oder bei Regen sogar im Bus warten.

So war es verständlich, dass ab 1937 „*Braune Hochzeiten*“ im großen Hörsaal der Ordensburg Vogelsang stattfanden. Die erste Trauung war die von Hildegard Cremer und August Pytel am 13. November 1937. Die auch nach dem Kriege noch in Willerscheid lebende Hildegard Cremer-Pytel erinnert sich an diesen wichtigen Tag, der der zuvor erfolgten standesamtlichen Trauung folgte. Wichtig war für sie, dass sie ihren christlichen Glauben nicht abzulegen brauchte und sogar noch Schleier und Myrtenkranz tragen durfte. Dies wurde erst 1938 verboten. Der Dreiborner Bürgermeister Stoffels vollzog auf Vogelsang die Trauung, die trotz der neuen „*Weihe-Bestimmung*“ sehr feierlich war. Künftig sollten Trauungen nur noch vor zwei brennenden Opferschalen und einem fahnengeschmückten Tisch im Kreis der Kameraden und Familienangehörigen stattfinden. Feierliche Worte aus Rosenbergs „*Mythus des 20. Jahrhunderts*“, von Nietzsche oder Hitler waren vorgeschrieben. Ein Sprechchor sowie Einzelsprecher unterstrichen das „*Deutsche Bekenntnis*“.
Der Bräutigam reichte der Braut eine Fackel, die dann in einer Opferschale entzündet wurde. Nach dem Wechsel der Ringe wurden von Kameraden Salz und Brot übergeben. Der Brautführer übernahm dann von dem Bräutigam den Dienstdolch und gab ihn der Braut mit dem Hinweis darauf, dass er für ihren ersten Sohn aufzubewahren sei.
Ab Ende 1938 wurde auf speziellen Wunsch hin von Kameraden eine weitere Fackel in der Opferschale entzündet und in das Heim des jungen Paares getragen. Dort fachte man damit das Herdfeuer an. Dies alles erinnerte an den germanischen Kult, sollte es aber angeblich nicht sein. Wie hieß es in einer auf der Ordensburg Vogelsang gehaltenen Rede? „*Dies ist kein heidnischer Brauch, wie manche zu sagen pflegen; es ist eine echt deutsche würdevolle Eheweihe von höchster Bedeutung. Das Leuchten vom deutschen Leben strahlt einem entgegen, ein heiliges Bekenntnis zur Sippe, zur Familie und zum obersten Gesetz der Treue. Diese Treue muss für das Brautpaar in der Ehe ein Schild sein, an dem alle Angriffe zerschellen müssen.*“ Und Robert Ley betonte immer wieder abschließend: „*Die*

Ordensburg Vogelsang sollte sich als Schmiede fanatischer Prediger und nationalsozialistischer Soldaten" hervortun.
Im katholischen Kreis Schleiden wurden ansonsten „*Braune Hochzeiten*" selten gefeiert. Dennoch blieb es nicht aus, dass man sich dem neuen Zeitgeist anpasste. In dieser Hinsicht ähnelte das kleine Eifelstädtchen Gemünd, das im Tal und Schatten der gewaltigen NS-Ordensburg lag, vielen anderen deutschen Städten. Als ob auch sie provokativ die Ablehnung der christlichen Kirche ausdrücken wollte, setzte sie am 20. November 1936 ein deutliches Zeichen. An diesem Tage besuchte Adolf Hitler zum ersten Male offiziell Gemünd und die Ordensburg Vogelsang. Durch Stadtratsbeschluss wurde zu diesem Termin der „Marienplatz" umbenannt. Er hieß bis zum Kriegsende „*Adolf-Hitler-Platz*". Auch hier zeigte sich die perfide Methodik der Nationalsozialisten. Staat und Partei wahrten das Gesicht, den Schein der Unparteilichkeit. Die Umbenennung war keine offizielle Verordnung. Das überließ man den unteren Stellen, den Parteigliederungen und kommunalen Parteiorganen.

7. Hitlers Besuche erzeugten Massenpsychose

Aktivitäten des „Westdeutschen Beobachters" ▪ Was hält das Ausland von der NS-Ordensburg Vogelsang? ▪ Beeinträchtigte Ausbildung der „Burgjunker"

Die Reaktion des Auslandes auf die Ordensburg Vogelsang war zuerst abwartend. Im Sommer 1936 empfing das Deutsche Reich Gäste aus aller Welt. Die Olympischen Spiele in Berlin sollten erkennen lassen, wie friedlich und gastfreundlich das Land war.
Auch die Schleidener Lokalredaktion des „Westdeutschen Beobachters" wurde angehalten, vorläufig die Diffamierung der Juden einzustellen. Das ist bemerkenswert, denn gerade diese örtliche Beilage hatte jahrelang offenbar keine anderen zentralen Themen als die Bekämpfung des Judentums und den Bau der Ordensburg Vogelsang. So ist ab März 1936 der heimatspezifische „*Judenspiegel*" nicht mehr nachweisbar, während nun die Bedeutung des *„nationalsozialistischen Bollwerks im Westen*" und die zu erwartenden prominenten Besucher seitenlang beschrieben wurden.
Das Fotoalbum von Karl-Friedrich Liebermann, dem örtlichen Baumeister, gibt Aufschluss über den Besucherstrom seit Januar 1936. Dieser Architekt, dem nach dem 2. Weltkrieg Planung und Bau von etwa 30 Schulen und Schwimmbädern in Köln anvertraut wurde, war der lokale Leiter der Baustelle, wenn auch der eigentliche Architekt Prof. Klotz war, der im Deutschen Reich wegen seiner Kolossalbauten prominent, aber in der Eifel recht unbekannt war.
Wenn man die Zeitungsarchive durchforstet, stellt man fest, dass nicht nur die gleichgeschaltete reichsdeutsche Presse, sondern auch das Ausland regen Anteil an den Baumaßnahmen nahm.
Das benachbarte Belgien schien ein deutsches Grenzfort zu befürchten. Das ist nachvollziehbar, da nach dem 1.Weltkrieg die deutschen Gebiete im Raum Eupen, St. Vith und Malmedy abgetreten werden mussten und sich dort inzwischen eine so genannte „Treudeutsche Front" mit nationalsozialistischem Gedankengut etabliert hatte. Diese forderte ohne Unterlass die *„Heimkehr ins Reich"* sowie eine Befreiung vom *„belgischen Joch"*.
Erst eine Besichtigung durch ausländische Journalisten beruhigte kritische Stimmen. Die heute im Bundesarchiv Koblenz lagernden Zeitungsartikel bezeichnen die Ordensburg Vogelsang „*sicher eher als ein Kloster denn ein militärisches Fort*". Weitere Redakteure kamen zu Beurteilungen wie: „*Tempel der NS-Bewegung*", *„sportlich-geistige Ausbildungs-*

anstalt nach dem klassischen Vorbild der Antike", *„ein an dem Lehrplan der englischen Public-Schools orientiertes Institut"*. Nur die damalige niederländische Zeitung „Nieuwe Rotterdamsche Courant" vermisste eine Kirche oder Kapelle auf dem Burggelände und mutmaßte, dass in der Eifel *„der deutsche Mensch verherrlicht werden"* sollte.
Nur in der Zeit vom 1. Mai 1936 bis zum 2. September 1939 fanden Lehrgänge auf der NS-Ordensburg Vogelsang statt. Sie waren gekennzeichnet durch eine angeblich *„körperlich ungemein harte, spartanische Erziehung sowie die ideologische Ausrichtung auf den nationalsozialistischen Staat"*. Es darf nicht geleugnet werden, dass in den Kursen viele Männer grundlegend im Hinblick auf ihren Charakter und ihr Wertverständnis geformt wurden. Besonders der Kameradschaftsgeist und die Auffassung von Treue und Gehorsam – in positiver wie auch in negativer Hinsicht – fanden eine Prägung, die vielleicht heute nicht mehr begreifbar ist. Ein überschaubarer Teil der „Junker" war später führend in den deutschen Zivilverwaltungen der besetzten Sowjetunion eingesetzt und an Kriegsverbrechen beteiligt. Jedoch konnten nur etwa 15 Männer der Ordensburgen nach dem Zweiten Weltkrieg angeklagt werden. Die meisten wurden von den Gerichten – meist nicht nachvollziehbar(!) – aus Mangel an Beweisen freigesprochen.
Viele ausländische Politiker reisten in die Eifel, um das *„völlig Neue der deutschen Pädagogik"* kennen zu lernen. So empfing Reichorganisationsleiter Robert Ley unter anderem den italienischen Arbeiterführer Tullio Cianetti und den Korporationsminister Lantini.
Anlässlich der Tagung der Gauamtsleiter auf der Ordensburg Vogelsang vom 10. bis 20. November 1936 beehrte die NS-Prominenz die karge Eifel und die begeisterten Schaulustigen, die aus der nahen Umgebung, aber auch aus dem gesamten Rheinland und von Neu-Belgien angereist waren: Dr. Dietrich (Reichspressechef der NSDAP), Dr. Ley (Reichsorganisationsleiter), Rudolf Heß (Stellvertreter des Führers), Oberlindober (Hauptamtsleiter), Hühnlein (Korpsführer), Heißmeier (Obergruppenführer), Heydrich (Gruppenführer), Julius Streicher (Gauleiter), Dr. Frank (Reichsleiter), Rust (Reichsminister), Baldur von Schirach (Reichsjugendführer).
Nur zweimal besuchte Adolf Hitler die NS-Ordensburg Vogelsang offiziell: am 20. November 1936, als Höhepunkt der Tagung von 800 Gauamtsleitern, und am Donnerstag,

Hitlers Besuch auf der Ordensburg Vogelsang am 20. November 1936: Begrüßung durch die Kinder des Burgpersonals

SS-Ehren-
wache

Bild rechts:
Die Gau- und
Reichsleiter

Bild unten:
Hitler redet im
großen Hörsaal
der Burg

Hitler geht durch die Reihen der Junker

dem 29. April 1937, vor 600 Kreisleitern. Ein dritter offizieller Besuch im Jahre 1938 ist nicht belegt.
Diese Anlässe nutzte er, um die verschiedenen Führungskräfte der NSDAP mit seinen Ansichten vertraut zu machen und um sich bei seiner Ein- und Rückfahrt der Bevölkerung zu zeigen. Wenn man heute seine damals gehaltenen Reden analysiert, stellt sich heraus, dass er – von der Eröffnungsrede 1936 in Krössinsee abgesehen – fast nie einen direkten Bezug zu den Ordensburgen und ihren Aufgaben nahm. Er schien sich eigentlich nicht für die klassische Stätte der NSDAP-Führerausbildung zu interessieren.
Organisatorisch bedeuteten diese Veranstaltungen auf Vogelsang meist die Ausquartierung der „Burgjunker", die in dieser Zeit in der nahen Umgebung, aber hauptsächlich in Köln untergebracht wurden. Dadurch wurde der Ausbildungsbetrieb unterbrochen. Heute kann konstatiert werden, dass – auch wegen des Urlaubs – pro Lehrgang höchstens zehn Monate lang unterrichtet und ausgebildet wurde.
Für viele angereiste Nationalsozialisten waren wohl die Besuche Adolf Hitlers der Höhepunkt ihres Aufenthaltes in der Eifel. Die Massenpsychose, die selbst die zurückhaltenden Eifelbewohner erfasste, wird auch in den Presseartikeln und deren Schlagzeilen erkennbar. Im Lokalteil für den Kreis Schleiden beschrieb der Westdeutsche Beobachter am 21. November 1936 den *„Jubel um den Führer"*, der von vielen Zeitzeugen auch heute noch ehrlich zugegeben wird.
Besonders der Aufmarsch der Parteielite, die es sich nicht nehmen ließ, statt mit der Eisenbahn gelegentlich sogar im offenen Wagen vorzufahren – trotz des stürmischen Eifelwetters –, fand eine umjubelte Beschreibung. Im Westdeutschen Beobachter – schon am 20. November 1936 – erinnerte die Mechernicher Stadtverwaltung daran, dass erst der Nationalsozialismus dem dortigen Bleibergwerk wieder *„neuen Daseinszweck"* geschaffen hät-

te. Auch an die Ehrenbürgerschaft Adolf Hitlers vom Frühjahr 1933 wurde eifrig erinnert. Die beiden Tagungen für Gauamtsleiter und Kreisleiter, mit der Präsenz der Parteielite und der Anwesenheit von Adolf Hitler waren die politischen und wahrscheinlich auch psychologischen Höhepunkte in der Chronik der Ordensburg Vogelsang. Nie wieder stellte sich dort die NS-Prominenz in solcher Ballung dar, so dass es bald stiller um die Ausbildungsstätte der NSDAP wurde. Der Alltag zog ein.

Verlassen der Burganlage: rechts: Josef Grohé, der Gauleiter von Köln - Aachen, links: Reichsorganisationsleiter Dr. Robert Ley

Hitler verlässt die Ordensburg Vogelsang

Fotos von der Kreisleitertagung auf der Ordensburg Vogelsang vom 22.-29. April 1937

Ankunft Adolf Hitlers in Gemünd am 29. April 1937

Hitler in Begleitung des Burgkommandanten Manderbach und Dr. Robert Ley

Gang über den Adlerhof

Hitler und Robert Ley besichtigen die Burganlage

8. Geheime Studie beschrieb die Junker als „dümmlich"

Das Gesamtkonzept und Personal ■ „Gaulehrwerkstätten" in der Ordensburg ■ Kritik an Theorie und Praxis ■ Skandal an der Ordensburg Sonthofen: Schüsse auf ein Kruzifix

Die Ausbildung der ersten Führeranwärter begann im Jahre 1936 – aber es handelte sich hierbei eher um einen „Einführungslehrgang", da sich aus den ersten 500 Männern das Stamm- und Ausbildungspersonal herausbilden sollte. Am 9. Juni 1937 unterbrach Dr. Robert Ley seine Inspektionsreise durch Deutschland, um den zweiten Lehrgang der „Führeranwärter" (1. Juni 1937 – 8. Juli 1938) auf der Ordensburg Vogelsang zu begrüßen. Die neuen Führeranwärter traten zum ersten Mal eingekleidet an. Am Nachmittag nahm der Reichsorganisationsleiter der NSDAP die Ausmusterung von 170 „Lehranwärtern" vor, die als Gemeinschaftsführer, Kameradschaftsführer, Hundertschaftsführer und Sportlehrer künftig fungieren sollten.

Hier muss nun auf das Gesamtkonzept der Reichsorganisationsleitung hingewiesen werden. Leys verschiedenen Plänen lagen folgende Absichten zugrunde: Einfluss der Partei auf die Volksschulen, Auslesestufen nach der Grundschule, Kontrolle der Berufsbildung sowie eine systematische „Schule des Wissens", die Zusammenfassung von Führungsaspiranten in „zusätzlichen Gauburgen", praktische Bewährung und dann die eventuelle Hinführung zu einer der drei Ordensburgen und einer *„Lehrerakademie für die NSDAP-Ausbildungsleiter"*.

In dieser Hinsicht war es logisch, in unmittelbarer Nähe der Ordensburg Vogelsang eine *„Gaulehrwerkstätte"* zu institutionalisieren, in der von der Deutschen Arbeitsfront der neuartige Versuch gemacht wurde, Facharbeiter in NS-Verständnis heranzubilden. Unter der Leitung von SS-Obersturmführer Schreithofer vom Amt für Berufserziehung der „RGB Bau" waren die Lehrjungen der Firmen, die auf Burg Vogelsang die Arbeiten ausführten, internatsmäßig zusammengefasst worden. Nach drei Monaten begann die Baulehre. Jedoch blieben die Jungen aus der Maurer- und Installationszunft bis zu ihrer Gesellenprüfung durch lange Kurse mit der Bau-Werkstätte verbunden.

Ähnliche Baulehrwerkstätten sollten an allen Großbaustellen der NSDAP eingerichtet werden, so zum Beispiel in Weimar, Braunschweig, beim Bau des KdF-Bades auf der Insel Rügen und auf den beiden Ordensburgen Crössinsee und Sonthofen. Der Reichsorganisationslei-

Pause beim Marsch der Führeranwärter um die Urfttalsperre

ter visitierte die Lehrwerkstatt Vogelsang am 9. Juni 1937, nachdem er die Führungsanwärter des 2. Lehrgangs begrüßt hatte.
Die Nivellierung der Schichten unter Einbezug der Berufsausbildung war in diesem Zusammenhang für die künftige Pädagogik der Ordensburgen neu. Mit einer neuen Didaktik schien die Deutsche Arbeitsfront die nationalsozialistische Variante eines polytechnischen Unterrichts anzustreben. Der Westdeutsche Beobachter unterstrich dies unter der Überschrift *„Berufskönnen und Charakterfestigkeit"* als *„bahnbrechende Neuerung"* in der Pädagogik des Nationalsozialismus. Als Kontinuität des DAF-Bildungsprogramms und der NS- Weltanschauung wollte Dr. Robert Ley die Kooperation zwischen der Ordensburg Vogelsang und der Bau-Lehrwerkstätte verstanden wissen. Aus den einst avisierten „Reichsrednerschulen" waren bis etwa zum Jahre 1937 Ordensburgen mit inzwischen doch einigermaßen klaren Zielvorstellungen geworden. Robert Ley erklärte am 27. April 1939 den Volksgenossen, denen immer noch nicht bewusst war, was Ordensburgen waren, die definitive Zielsetzung: *„Die nationalsozialistische Partei führt, betreut und erzieht die deutschen Menschen. Auf den Ordensburgen der Partei werden die Herrenmenschen, die zusammen mit den Propagandisten der Partei und der Arbeitsfront die fanatischsten Träger unserer nationalsozialistischen Weltanschauung sind, erzogen!"*

Pause beim Marsch der Führeranwärter um die Urfttalsperre

Wenn auch Unteroffiziere der Deutschen Wehrmacht vergeblich versuchten, zusätzlich ihre Karriere durch die Ausbildung als „Führeranwärter" an den Ordensburgen Krössinsee und Vogelsang zu verbessern, so ließ sich bei der Reichsorganisationsleitung dennoch nicht mehr verheimlichen, dass die Zielsetzung der Burgen in letzter Konsequenz doch nicht realisiert werden konnte. Schon 1938 hatte Hans Dietel – seit dem 13. Juni 1939 kommissarischer Kommandant von Vogelsang – die intellektuellen Fähigkeiten der Junker in Frage gestellt. Immerhin kamen die meisten von ihnen aus der unteren Mittelschicht und hatten Volksschulbildung, glaubten aber fest an die absolute Präferenz von *„Rassenreinheit und körperlicher Stärke"*. Dies jedoch stellte sich als nicht ausreichend dar.
Gauschulungsleiter Kölker legte am 1. Juli 1939 eine bisher fast unbekannt gebliebene vertrauliche Studie vor, nach der die Führeranwärter auf Vogelsang als *„dümmlich, intellektuell nicht flexibel und sportlich einseitig ausgerichtet"* beschrieben wurden. Fast alle hätten einen *„Höhenfimmel"* und erstrebten Unmögliches. Kölker hielt wörtlich fest: *„Die meisten fühlen sich nach ihrer Entlassung von der Burg sofort zum Kreisleiter und Höherem berufen"*. In eigentlich nur zehn Monaten pro Jahreslehrgang *„kann ein Mann, der auf der Burg lebt, überhaupt nicht übersehen, was gewollt wird!"*
Kölker konstatierte wörtlich: *„Einen von Geist und Wissen getragenen Vortrag können viele Junker nicht verarbeiten. Sie geben sich alle Mühe, das Gehörte zu behalten, aber*

selbst dann steht das Erlernte einsam im Raum. Die oft mangelnde Vorbildung lässt sie keine Beziehung zu dem Gehörten finden!“
Ein weiterer Kritikpunkt war: *„Das Militärische – und nicht das Soldatische – wird ungewöhnlich stark betont.“* Offenbar war auch die körperliche Belastung der Vogelsang-Junker zu einseitig: *„Sie nimmt den größten Teil der Tagesarbeit in Anspruch. Die Ertüchtigung für praktisch-politische Aufgaben aber bleibt im Hintergrund.“* Bei der Durchsicht der von der Ordensburg herausgegangenen Beurteilungsbögen wurde zudem festgestellt, dass mancher, der als Nichtschwimmer die Burg betrat, sie nach einem Jahr als solcher auch wieder verließ.
Der Kölker-Bericht enthielt abschließend Vorschläge zum *„Ausfindigmachen und zur Erprobung eines neuen Erziehungssystems.“* Diese neuen Ideen konnten jedoch nicht mehr realisiert werden, da mit Ausbruch des 2. Weltkrieges am 1. September 1939 die meisten Junker zur Wehrmacht eingezogen wurden und die Ausbildung an den Ordensburgen beendet wurde. Zu diesem Zeitpunkt hatte sich aber schon herausgestellt, dass sich ab 1938 immer weniger Bewerber für die Ordensburgen meldeten. Mitunter wurden jetzt sogar schon Männer zugelassen, die noch gar nicht Partei-Mitglieder waren.
Neben der Kritik an der Ausbildung in Krössinsee und Vogelsang gab es im noch selbstständigen Österreich Schlagzeilen über gewisse Festivitäten an den Ordensburgen. Angeblich würden beinahe 10% der ausgewählten Vogelsang-Junker wegen ungebührlichen Verhaltens und Trunksucht vorzeitig entfernt. Das kann nicht wahr sein, denn die Überprüfung der Akten und Gerichtsunterlagen ergab, dass es zwar Schlägereien und Vaterschaftsklagen im Kreis Schleiden gab, die Haltung der Junker ansonsten wenig Anlass zu Klagen gab. Selbst der Vorwurf, sie hätten in der Reichspogromnacht vom 9. zum 10. November 1938 in der Eifel gewütet, konnte bisher nicht eindeutig bestätigt werden.

„Burg-Junker“

Als am 23. November 1937 die Ordensburg Sonthofen eingeweiht wurde, enthüllte die damals noch österreichische Zeitung „Linzer Volksblatt“ den ersten Skandal. Der Kölner Journalist Heiner Lichtenberg hatte hierzu in den 1970er Jahren folgendes recherchiert: Adolf Hitler sollte vor den zahlreich anwesenden Gau- und Kreisleitern sowie deren Mitarbeitern sprechen, was jedoch verzögert wurde. Ihm war nämlich zugetragen worden, dass mehrere Gau- und Kreisleiter in Sonthofen angeblich zu protzig mit kostspieligen Luxusautos und großem Gefolge eingetroffen waren. Zudem hatte das Verhalten der NS-Garde bereits vorher Aufsehen und Ärger im gesamten Allgäu erweckt. Es gab Zechgelage und Belästigungen junger Mädchen. Im Gasthaus „Zum Ochsen“ schoss ein Funktionär ein Kruzifix von der Wand. Mehrere Einheimische wurden angepöbelt, weil sie statt mit „Heil-Hitler“ mit „Grüß Gott“ grüßten.

Der neue Kommandant der Ordensburg Vogelsang: Hans Dietel. Der bisherige Kommandant Manderbach wurde am 10. 6.1939 seines Amtes enthoben, weil er sein Kind hatte kirchlich taufen lassen.

Der Schleidener Kreisleiter Binz wäre angeblich gewesen, dass Hitler bei seiner Ankunft in Sonthofen sofort eine Untersuchung einleitete, mehreren Gau- und Kreisleitern die Rangabzeichen abriss und Parteigerichtsverfahren in Aussicht stellte. Nach Heiner Lichtenstein soll die diesbezügliche Mitteilung des „Linzer Volksblattes“ allerdings einige Tage später von der „Wiener Zeitung“ dementiert worden sein..

Da es auch auf Vogelsang Unregelmäßigkeiten gegeben hatte und mindestens zwei Selbstmorde nachweisbar sind, war es keineswegs verwunderlich, dass Kommandant Manderbach am 10. Juni 1939 seines Postens enthoben wurde, weil er heimlich sein Kind hatte christlich taufen lassen. Die Junker hatten bei der Demontierung ihres Vorgesetzten kräftig mitgeholfen. Tagelang gröhlte im Speise- oder Schulungssaal ein rauer Männerchor, und singend fragten Hunderte von Führeranwärtern und Lehrkräften, was ihr Kommandant mit *„Papst und Pfaff“* gemein hätte.

Drei Tage später wurde der beliebte Dozent für Rassenkunde, Hans Dietel, zum kommissarischen Kommandanten berufen. 500 Junker identifizierten sich jetzt mit diesem vom Nationalsozialismus völlig erfüllten Führer, der allerdings auch von manchem als gefährlicher Fanatiker gefürchtet wurde.

9. Junker im Kriegseinsatz – Amerikaner fanden „no superman“

Noch vor dem Krieg ein „Schluss-Bankett“ ▪ Mörder an Tisch 71 ▪ Archive berichten: Es gab nur wenige „Täter“ ▪ Eidesstattliche Erklärungen oder„Persilscheine“ entlasten Junker ▪ Die NS-Ordensburg Vogelsang während des 2. Weltkrieges

Eindrucksvoll war die Tischordnung beim Burgfest der Ordensburg Vogelsang am 20. August 1939. Alle, die irgendwie seit 1933 mit dieser Institution zu tun hatten, waren wie zu einem Abschluss-Bankett eingeladen worden. Die erhalten gebliebene Platzanordnung stellte alle Teilnehmer mit Rang und Namen sowie Begleitung vor. An 102 Tischen hatten Honoratioren und die offiziell „Führeranwärter“ genannten Herren mit ihren Damen Platz genommen. Doch in dem 28 Seiten starken Festheft war wieder nur von „Junkern“ die Rede.

Franz Binz, der ehemalige Kreisleiter von Schleiden und erste Kommandant der Ordensburg Vogelsang, saß in seiner neuen Funktion als Reichstreuhänder mit Gattin an Tisch 11,

30. Januar 1939:
Fackelzug und Parade auf dem Appellplatz der Ordensburg Vogelsang

direkt neben SA-Standartenführer Heinen und dessen Ehefrau. Kreisleiter Marrenbach und Frau hatten neben dem prominenten Architekten Prof. Klotz am Tisch 9 Platz genommen. An Tisch 71 saß unbeschwert ein 28jähriger Junker von der 15. Kameradschaft, der einige Monate vorher vom Lehrgang in Krössinsee gekommen war. Elf Jahre später sollte er nach mehrjähriger Flucht wegen Verbrechens gegen die Menschlichkeit zu drei Jahren Gefängnis verurteilt werden.

Insgesamt waren das Burgfest und der Ball recht beeindruckend. Es war, als ob man die Zeit der „Ordensjunker" und des imitierten Rittertums noch einmal in aller Pracht darstellen wollte: Der letzte Tag eines viertägigen Burgfestes wurde zu einem gesellschaftlichen Höhepunkt. Bei Fackellicht, in Paradeuniform und beschwingter Damenbegleitung, hoch über dem Urftsee, gab es Eindrücke, die selbst heute den wenigen noch lebenden Teilnehmern unvergessen geblieben sind.

In diese lockere Atmoshäre platzte zwei Tage später eine Nachricht, die im Widerspruch zur gesamten Didaktik der NS-Ordensburgen stand: das nationalsozialistische Deutschland und die bolschewistische Sowjetunion hatten sich in aller Heimlichkeit geeinigt und in Moskau einen Nicht-Angriffspakt geschlossen. Dieses deutsch-sowjetische Abkommen der ideologischen Todfeinde vom 23. August 1939 war der Schlussakkord in der Historie der NS-Ordensburgen. Auch ohne Kenntnis des geheimen Zusatzprotokolls, in dem die beiden Großmächte Osteuropa untereinander aufteilten, war den fanatischen Junkern klar, dass es sich nur um einen geschickten Schachzug ihres Führers handeln konnte. Ein Krieg ließ sich nicht mehr vermeiden.

Bisherige Forschungsergebnisse, nach denen sich die gesamte Belegschaft der Ordensburg Vogelsang bereits auf dem Reichsparteitag in Nürnberg befunden habe, als plötzlich die Meldung vom Kriegsbeginn mit Polen bekannt wurde, sind offenbar zu korrigieren. Der ehemalige Junker Walter H. aus Bonn-Hangelar wies im Januar 2008 dem Autor nach, dass am 26. August 1939 die Anreise nach Nürnberg storniert worden war. Kein Führeranwärter der Ordensburgen wurde in Marsch gesetzt. Offiziell sagte man den für September angekündigten „Parteitag des Friedens" – vor dem Überfall auf Polen, der den Beginn des 2. Weltkriegs bedeutete –, ab.

Die Inkonsequenz – gemessen am 14. Kapitel des 2. Bandes von Hitlers „Mein Kampf" –,

Geländemarsch der Ordensburg-Junker (1939)

Bild unten: Kurz vor dem Westfeldzug (Mai 1940): Deutsche Soldaten am Fackelträger ...

... und vor der Thing-stätte am Sportplatz

machte mit der Idee, die Ordensburgen auszubauen, ein Ende. Mit Kriegsbeginn am 1. September 1939 war der gesamte Lehrbetrieb auf der Ordensburg Vogelsang abgeschlossen und wurde – in Bezug auf die Junker bzw. Führeranwärter – nie wieder aufgenommen. Er hatte insgesamt nur vom 1. Mai 1936 bis zum 1./2. September 1939 stattgefunden.
Es ist bekannt, dass die meisten von ihnen mit einer gewissen Begeisterung, ja, mit Fanatismus in den Zweiten Weltkrieg hineinmarschierten. Beförderungen und Berichte über ihre Tapferkeit als Frontsoldaten der Deutschen Wehrmacht wurden schnell bekannt. Der neue Burgkommandant Hans Dietel meldete sich ebenfalls zur Front und fiel als Leutnant im Mai 1941 auf Kreta.
Bis zu diesem Zeitpunkt blieb er durch eine umfangreiche Korrespondenz mit „seinen Junkern" verbunden. Jedoch stellen die hektographierten Rundbriefe des einstigen Lehrers für Rassenkunde ein nicht zu unterschätzendes Dokument nationalsozialistischen Fanatismus dar. Bereits die Schlusssätze des ersten Schreibens vom Dezember 1939 bestätigen das: *„Inzwischen aber wollen wir alle unsere ganze Kraft einsetzen, die beiden letzten großen machtpolitischen Gegner unseres Volkes mit vernichten zu helfen: das Judentum und England. Die Stunde der großen Auseinandersetzung, von der ich so oft gesprochen habe, ist da! Wir oder die anderen! Es lebe der Führer – denn dann lebt Deutschland!"*
In Abwesenheit von Hans Dietel leitete Kameradschaftsführer Traut die Verwaltungsarbeit von Vogelsang. Als Burgkommandant fungierte in der Zeit von Mai 1942 bis Februar 1943 nominell Fritz Montag. Dieser starb als Kompanieführer in der Leibstandarte Adolf Hitler nach schwerer Verwundung. Wochenendlehrgänge der einheimischen HJ und anderer NS-Einrichtungen gab es auch nicht mehr, da spätestens im Mai 1940 – mit Beginn des so genannten Westfeldzuges – deutsche Truppen kurzfristig einkaserniert wurden. Einige Messerschmitt-Staffeln starteten auch auf dem Flugplatz am Walberhof in Richtung Westen. Das Lazarett auf Vogelsang war mit Verwundeten bald überfüllt.
Als Autor des Standardwerkes „Ordensburg Vogelsang 1934-1945 – Erziehung zur politischen Führung im Dritten Reich" hatte ich im Jahre 1986 als einer der Ersten die ehemalige NS-Ordensburg Vogelsang thematisiert und natürlich auch deren potenzielle Auswirkung im Dritten Reich. Vor mehr als 20 Jahren war es problematischer als heute, Akten- und Archivmaterial zu finden und zu bewerten. Dennoch fand ich in DDR-Archiven erstmals einen Hinweis auf einen angeblichen Bezug zwischen der Ordensburg Vogelsang und dem Holocaust. In der Zeit 1959/60 polemisierte dort die kommunistisch-sozialistische Wissenschaft und Politik gegen den bundesdeutschen Vertriebenenminister Theodor Oberländer, der angeblich an einem Massenmord in Lwow beteiligt war und seine *„Richtlinien hierfür wenige Tage vor den Erschießungen auf der Ordensburg Vogelsang"* empfangen habe. Diese auch in einem DDR-Dokumentarfilm aufgestellte Behauptung stellte sich später als unwahr heraus. Die zurzeit wieder mal geführte Diskussion um die Ordensburg Vogelsang als *„Täterort"* hat wohl hier ihre Wurzeln.
Dennoch darf nicht verheimlicht werden, dass einige ehemalige Junker auch ihren Einsatz hinter den Fronten hatten. Als Gebietskommissare im Osten fanden sie gelegentlich ein Betätigungsfeld, das ihrer rassistischen Ausbildung gemäß war. Der Maßstab ihres Handelns war oft von den Ordensburgen gesetzt worden. Auch der ehemalige Kommandant Richard Manderbach (1936-1939) wurde in der Ukraine eingesetzt.
Am 18. November 1939 stellte die Verwaltung des Reichsorganisationsleiters die Feldpostanschriften der Stammführer der Ordensburg Vogelsang zusammen. Fast alle waren inzwischen von der Wehrmacht übernommen worden und hatten dementsprechend einen militärischen Rang. Erst später gab es besondere Einheiten, die Alfred Rosenberg unterstanden, dem einstigen NSDAP- Ideologen und in der Zeit von 1941 bis 1945 amtierenden *„Reichsminister für die besetzten Ostgebiete"*. Organisatorische Details sind dem lesens-

Eine Kameradschaft von Führeranwärtern auf der Ordensburg Vogelsang

werten Buch von Rolf Sawinski über die Ordensburg Krössinsee zu entnehmen.

Der in Euskirchen beheimatete Hundertschaftführer Herbert Sittig beklagte sich in einem Interview, dass in den Akten des Reichsorganisationsleiters immer nur die Ränge der Ordensburgorganisation und nicht die militärischen aufgelistet wurden. Dadurch hätte es nach dem Kriege Irritationen und Verwechslungen gegeben, besonders dann, wenn der Einsatz in der Ukraine war.

Tatsächlich waren einige „Junker" nicht nur für einen einjährigen Lehrgang in Krössinsee, sondern danach auch in Vogelsang. Deren Indoktrination war wahrscheinlich intensiver. Manche wurden schwerster Verbrechen beschuldigt und mit Hilfe von Zeugen überführt, aber selten zur Verantwortung gezogen.

Da ist z. B. der Gemeinschaftsführer W., der in Wladimir-Wol(h)ynsk wütete und letztmalig im Jahre 1978 wegen tausendfachem Judenmord in Bielefeld vor Gericht stand. Der Leiter der „Zentralstelle des Landes NRW für die Bearbeitung von Massenverbrechen", Oberstaatsanwalt Hermann Weissing, hatte zu diesem Zeitpunkt – nach über zehn Jahre langen Ermittlungen – in seiner Anklageschrift zusammengefasst, was damals geschehen war: *„Herr W. wird beschuldigt, im September 1942 mindestens 7.000 Menschen und im November 1942 mindestens 2.000 Menschen bei Vernichtungsaktionen im Ghetto von Wladimir-Wolynsk gemeinschaftlich und mit anderen aus niedrigen Beweggründen grausam getötet zu haben".*

In der Anklage stand, er habe sogar die Ausschachtung der Gruben geleitet, in welche die erschossenen Juden hineingeworfen wurden, und eigenhändig zwischen 1941 und 1943 sechs namentlich genannte Juden erschossen. Der einstige Ordensburg-Gemeinschaftsführer W., der auch in den so genannten „Burgbriefen" für Führeranwärter mit seinem genauen Einsatzort genannt wird und vom Reichskommissariat Ukraine belobigt wurde, erhielt einen Freispruch, obwohl er als ehemaliger deutscher Gebietskommissar viele jüdische Ghetto-Bewohner ermordet hatte. Trotz gerichtlicher Zeugenvernehmungen in der DDR und Israel, *„hielt das Gericht die Anschuldigen für nicht hinreichend"* erwiesen. *„Es gab keinerlei Sachbeweise in Form von Dokumenten oder ähnlichen Unterlagen. Es war daher lediglich auf Aussagen von mehr als 80 Zeugen zurückzugreifen, die aber dreieinhalb Jahrzehnte nach den Massakern in ihrer Aussagefähigkeit und Aussagetüchtigkeit beeinträchtigt waren. Irrtümer und Verwechslungen sind nicht auszuschließen."*

Die Zeitschrift „STERN" beschreibt einleitend das Gerichtsverfahren. Weil die Darstellung so exemplarisch ist und das Schicksal eines fanatischen Junkers von der Ordensburg Vogelsang darstellt, soll der Text an dieser Stelle wiedergegeben werden:

Bei Herrn W(...) ist diese Anklage trauriger Schlusspunkt eines „deutschen Schicksals". Sein Vater, Missionar in Afrika, später Farmer in Brasilien, ist an einer Tropenkrankheit gestorben. Seinen Lehrherr in der Textilbranche bezeichnet W(...) als „deutsch-nationalen Konservativen, von dem ich in diese Tendenz eingeführt wurde". Albert Leo Schlageter, Stahlhelm, Jungdeutscher Orden: Das sind die Namen, Traditionen und Visionen, die ihn begeisterten. 1927, mit 19 Jahren, tritt er in die NSDAP ein, meldet sich zum Saalschutz. Lange vor 1933 gründete er in Westfalen eine der ersten Ortsgruppen der NSDAP. Er trägt dann als „Alter Kämpfer" das Goldene Parteiabzeichen.
1937 geht er auf die Ordensburg Vogelsang. Als Artillerist kämpft er an der Westfront, ab Juli 1941 in den Pripjet-Sümpfen in Rußland. Dann soll er sich plötzlich in Berlin melden, beim Sonderstab Rosenberg. Und nun wird dieser Wilhelm (...), 33 Jahre alt, Unteroffizier der Deutschen Wehrmacht, zum Gebietskommissar ernannt. Er versteht nichts von Organisation und Verwaltung. Er ist bloß ein „alter Kämpfer" und guter Bekannter des Gauleiters von Westfalen, und der ist Rosenbergs Stellvertreter und will einen seiner Landsleute irgendwo im Osten unterbringen.
„Herr W (...), wie würden Sie denn aus heutiger Sicht Ihren Posten beschreiben?" fragt der Gerichtsvorsitzende.
W(...): „Ich hatte die einzelnen Volksgruppen – Polen, Ukrainer, Juden – zu schützen, zu versorgen und zu betreuen." Das sagt er nicht ohne Genugtuung; ein Mann, der zufrieden auf seine Vergangenheit zurückblickt. „Ich habe Zeit meines Lebens meine Pflicht getan(...)." Der Satz kommt im Brustton der Überzeugung."

Erneut wurde das Verfahren im Jahre 1982 aufgenommen. Das Schwurgericht in Dortmund hatte im Verlauf von 49 Verhandlungstagen rund 100 Zeugen gehört. Überlebende aus dem Ghetto kamen aus Israel und den USA, aus der Sowjetunion und anderen Ländern. Sie hatten sich damals in der Ukraine in kleinen Kammern versteckt, die zugestellt waren, auf Dachböden, unter Dielenbrettern und dann mit ansehen müssen, wie Brüder, Schwestern, Eltern, Freunde und Bekannte ermordet wurden. Wenn auch die gesamte Anklage lautete, W(...) habe in den Jahren 1941 bis 1943 mindestens 7.000 Menschen getötet, zweifelte auch in Dortmund das Gericht daran, dass das *„Blickfeld der zahlreichen jüdischen Zeugen ausreichend war"*. Wieder kam es zu einem richterlichen Freispruch; wieder gab es Buhrufe für den Richter, wieder entkam ein Täter der gerechten Strafe.

Als *„Schlächter von Riga und Wilna"* und *„Henker von Theresienstadt"* spielte Franz M. aus der Steiermark eine verbrecherische Rolle. In seinen handschriftlichen Unterlagen verwechselte er andauernd *„Ordensburg"* mit *„Ordensschule"*, was später von der Presse ungeprüft kolportiert wurde. Was der Grund hierfür ist, sollte einmal anhand des Lebenslaufes überprüft werden. Aber auch dieser „Junker" kam fast ungestraft davon und wurde als Politiker in Österreich honorig tätig. Die Organisation Simon Wiesenthal verfolgte diesen Kriminellen, der nach dem Kriege ungestraft als Bauer und Obmann einer Landwirtschaftskammer leben konnte, und ließ ihn mehrfach vor Gericht stellen. Hier wurde ihm die Ermordung von 70.000 Juden (!!) vorgeworfen. Die Art der Verfahrensführung und die Begründung der richterlichen Freisprüche in den 1960er Jahren waren derart skandalös, dass sie bis heute in Österreich Ursache juristischer Abhandlungen sind.

Ein ganz besonderer Fall, der die Historie der NS-Ordensburg Vogelsang tangiert, ist der Fall eines SS-Mannes, der für einige Monate Mitglied der Ehrenwache war, ehe er als Hauptscharführer und Rapportführer in zwei ostdeutschen Konzentrationslagern wütete. In verschiedenen Prozessen wurde ihm der Mord an etwa 150.000 jüdischen Bürgern vorgeworfen. Seine Ehefrau stammte aus einem Vorort der Kreisstadt Euskirchen, der 1969 eingemeindet wurde. Sie war auf der NS-Ordensburg Vogelsang angestellt und ahnte wohl später nichts von der schrecklichen Karriere ihres Ehemannes. Nachdem er sich vor den Russen flüchten konnte, fand er in einem nach hinten gelegenen Zimmerchen des Fachwerkhauses seiner Ehefrau Unterschlupf. Ältere Euskirchener bestätigen heute noch die gespenstige Szene, als ein Jeep mit quietschenden Reifen in der Dorfstraße hielt und britische Soldaten mit gezückten Pistolen die Verhaftung vornahmen. Mehrere Gerichtsurteile sorgten für die gerechte Bestrafung. In den zwei letzten großen KZ-Prozessen, die sich mit seiner Person befassten, gab es lebenslänglich Zuchthaus.

Neben diesen Fällen gab es auch Verbrechen im Westen, die nach dem Kriege gerichtlich verfolgt wurden. Auch hier hatten sich einige Angehörige der Ordensburg Vogelsang im Sinne des national-sozialistischen Terrors hervorgetan. Ein Beispiel dafür ist der Bereitschaftsleiter und Lehrer für Rassenkunde, Dr. Werner Schw., nach dem ab 1946 wegen Mordes gefahndet wurde. Ab 1941 war er Kommandant des kleinen Konzentrationslagers Ommen bei Zwolle in der niederländischen Provinz Overijssel. Dort wurden mehr als zwei Dutzend Häftlinge zu Tode geprügelt. Von Anfang 1944 an leitete Werner Schw. die Jagd auf niederländische Widerstandskämpfer, von denen einige von ihm persönlich oder auf seine Veranlassung hin ohne Gerichtsverfahren erschossen worden sind. Der einstige Gaureferent auf Vogelsang konnte erst nach langen Recherchen gefunden werden.

Wissenschaftliche Recherchen im In- und Ausland ergaben, dass etwa 15 Junker der beiden Ordensburgen Krössinsee und Vogelsang gerichtlich – und aufwändig (!!) – zur Verantwortung gezogen werden sollten. Mehr als die Hälfte von ihnen wurden mangels Beweise freigesprochen. Ja, es gab sogar Entlastungen!

Wenn auch nach dem Zweiten Weltkrieg manche „Persilscheine" den Entnazifizierungs-Ausschüssen vorgelegt wurden, so ist doch den eidesstattlichen Versicherungen oder dem Leumundszeugnis eines Juden, der den Holocaust überlebt hat, zu trauen. So wurde am 16. November dem Junker Erich K(…) aus Berlin-Baumschulenweg von seinem ehemaligen jüdischen Nachbarn Max Sü(…) bestätigt, dass er *„kein Hehl daraus machte, besonders in der Judenfrage anderer Meinung zu sein. Unser gegenseitiger Gruß war 'Guten Tag' mit Abnehmen des Hutes. Ich habe es hier früher mit einem Nachbarn lauteren und hochar-*

ständigen Charakters zu tun gehabt und erachte es für meine Pflicht, ihm jetzt beizustehen. Er ist geschlagen genug (...).“

Der jüdische Rechtsanwalt und Notar Dr. Ludwig St(...) aus Berlin bescheinigte am 5. Dezember 1946 „an Eides statt“, dass der Ordensburg-Junker N.N. *„wusste, dass ich Mischling 1. Grades im Sinne der Nürnberger Gesetze war und infolgedessen meinen Beruf als Rechtsanwalt und Notar nicht mehr ausüben durfte. Er hat mir trotzdem mit Rat und Tat zur Seite gestanden und mich und meine Familie, solange das möglich war, bei Anschaffungen notwendiger Bedarfsgegenstände des täglichen Lebens unterstützt. (...) Wir haben sogar vertrauliche Gespräche geführt, in deren Verlauf Herr N.N. sich äußerst unzufrieden über Maßnahmen der Regierung und des Führers äußerte – wie auch ganz besonders in der Judenfrage. Nach meiner Überzeugung ist es ausgeschlossen, dass Herr N. N. jemals eine nazistische Gesinnung gehabt oder sich in irgendeiner Weise aktiv nationalsozialistisch betätigt hat.“*

Die Biographien vieler Vogelsang-Junker sind bekannt, zumal sich diese nach dem Zweiten Weltkrieg in der Vereinigung der *„Alte-Burger“* wieder gefunden hatten. Der Autor des Standardwerkes „Ordensburg Vogelsang 1934-1945 – Erziehung zur politischen Führung im Dritten Reich“ hat viele noch persönlich kennen gelernt und deren Erinnerung sammeln können. Skepsis ist vielleicht angebracht, alle Junker als „Täter“ im Holocaust zu stigmatisieren. Nur ganz wenige der angeklagten oder verurteilten Täter waren länger als 10 Monate auf der Ordensburg oder durchliefen sogar zwei Lehrgänge – Krössinsee und Vogelsang. Man sollte davon ausgehen, dass die Indoktrination selbst fanatischer Nationalsozialisten doch nicht so nachhaltig und prägnant war, dass sie das Leben von 23 bis 26jährigen Männern so entscheidend beeinflusste und zum Völkermord prädestinierte. Grundsätzlich war deren Sozialisation abgeschlossen, als das Dritte Reich begann. Psychologisch beweist aber das angeführte Beispiel des Gemeinschaftsführers W(...), dass die Einstellung des Elternhauses, der Erziehungsstil oder die wirtschaftliche Lage der Nährboden für die spätere Individualisierung oder fehlgeleitete Individuation sind.
Tatsache aber ist sicher, dass die Ausrichtung der Ordensburg-Junker judenfeindlich, antichristlich und rassistisch war. Dies in Verbindung mit einem heute kaum noch nachvollziehbaren Kadavergehorsam und blinden Fanatismus mag durchaus zu Verbrechen gegen die Menschlichkeit bereit gemacht haben. Immerhin ist ja vieles noch nicht aufgedeckt worden. Beweise hierfür sollten nach 6 bis 7 Jahrzehnten die wissenschaftliche Forschung und ein Dokumentationszentrum in der heutigen Burg Vogelsang endlich vorlegen.

Was tat sich nun auf dem Gelände der NS-Ordensburg in der Eifel?
Anfang 1942 machte Vogelsang einen verwahrlosten Eindruck. Einquartiertes Militär hatte die Räume unansehnlich gemacht, Gebäudetrakte wurden geschlossen. Nach einer ausgiebigen Renovierung wurden ab Mai 1942 bis Sommer 1944 einige Kameradschaftshäuser mit Schülern der Adolf-Hitler-Schulen von Franken, Moselland und der Westmark belegt. Gleichzeitig fand ab 1942 eine Anzahl von *„Fremdarbeitern“* Beschäftigung im Küchendienst und der Gebäudewartung.
Die NS- Frauenschaft Köln-Aachen brachte bei Kriegsende viele Frauen aus den zerstörten rheinischen Großstädten in den Burganlagen unter. Hier fanden sie Schutz vor den schweren Bombenangriffen. Manches Kind wurde in der Redoute, dem ehemaligen Lazarett, geboren. Die englische Feindpropaganda baute diesen Umstand aus und funktionierte in ihren Sendungen die Ordensburg Vogelsang als *„Niederlassung des Lebensborn“* um. Tatsächlich wurde mancher ehemalige Junker an der Front durch ähnliche Gerüchte verunsichert. Derartige

Vermutungen waren unsinnig. Auch Frauen aus der Heimatgemeinde Dreiborn hatten ihre Kinder mit Hilfe des geachteten Arztes Dr. Wunsch in der Burg zur Welt gebracht.
Mit Beginn der Ardennen- Offensive am 16. Dezember 1944 erhielt die Ordensburg Vogelsang erneut eine Aufgabe im Aufmarschgebiet der deutschen Truppen. Doch starteten jetzt kaum noch Flugzeuge von hier; das Lazarett war überfüllt. Zudem gab es keine offizielle Burgverwaltung mehr. Im Oktober 1944 hatten sich die meisten Angestellten in Richtung Sonthofen abgesetzt. Schon vorher war die große Bibliothek nach Bonn und Köln und weitere Reste nach Sonthofen gebracht worden.
Bomben fielen auf die benachbarte Sperrmauer des Urftsees, in dem 45 Millionen Kubikmeter Wasser gestaut werden konnten. Diese hielt aber stand und blieb erhalten. Viele Bomben jedoch verfehlten ihr Ziel, und manche explodierte auf dem Gelände der Ordensburg Vogelsang. Bei Luftangriffen wurden der große Hörsaal im Hauptgebäude, der rechte Flügel des Adlerhofes und zwei Kameradschaftshäuser total zerstört. Insgesamt wurden jedoch nur 20 % der anderen Gebäude in Mitleidenschaft gezogen. Anfang Februar stand fest, dass die Ordensburg Vogelsang nicht mehr in die Verteidigungsstrategie der Deutschen Wehrmacht einbezogen werden sollte.
Das aus vier Akten bestehende Drama „*Vogelsang*“ von Paul Dressé (1951), das den meisten Deutschen bisher unbekannt blieb, stellt symbolhaft die Auseinandersetzung zwischen nationalsozialistischer Weltanschauung und dem Christentum dar. Personifiziert stehen sich der Abt des nahen Klosters Mariawald und der Kommandant der Ordensburg Vogelsang gegenüber. Im Feuerschein und dem Hagel der Granaten, vor der Silhouette der Eifelberge und dem Spiegel des im Mondschein glänzenden Urftsees geht das Dritte Reich zu Ende,und das Reich der christlichen Kirche erhebt sich. So heroisch jedoch war die Realität 1945 nicht. Hans Dietel, der letzte Kommandant, war bereits 1941 gefallen; das Kloster Mariawald musste ein Jahr später geräumt werden.
Sollte jemand noch mit einem heroischen Endkampf gerechnet haben, so sah er sich getäuscht. Unter der Überschrift „*No superman strutted Ordensburg Vogelsang*“ (Kein Supermann stolzierte auf der Ordensburg Vogelsang herum) beschrieb ein amerikanischer Reporter die Einnahme der Burganlage am 4. Februar 1945. Übersetzt stand weiterhin in der „Time“: „*Beim Morgengrauen erkämpften sich die Raiders vom 1. Bataillon des 47. Infanterieregiments den Weg zum Dorf Vogelsang. Dabei nahmen sie den Vorposten des kämpfenden Regimentes gefangen. (...) Nachdem sie sich in Richtung der Nazi-Burg hochgearbeitet hatten, nahmen sie die berüchtigte Ordensburg Vogelsang ein. Der Widerstand war leicht, denn die Junker waren schon lange weg. GI-Besucher liefen nun über diesen Boden und trampelten dort herum, wo*

Siegesparade des 1. Bataillons des 47. US-Infanterieregimentes auf dem Appellplatz der Ordensburg Vogelsang

die großen Tiere der Nazizeit im Triumph herumstolziert waren. Jetzt war diese einst glorifizierte Ordensburg im Besitz der Raiders (...). Tatsächlich war dies das symbolische Ende der Tyrannei – ermöglicht durch die friedliebenden Amerikaner.“
In seinem Buch „*Eight Stars to Victory*“ beschreibt Joseph Middleman die Einnahme der Burg Vogelsang mit den Worten: „*Die berühmte Burg hatte eine mystische Atmosphäre, die am ehesten der Musik von Wagner entsprach. An jenem 4. Februar 1945 jedoch gab es nicht mehr Wagner – dafür aber Gershwin, Berlin und Boogie-Woogie.*“

10. Briten schürten das Gerücht vom „Lebensborn“

Die Engländer rücken ein ▪ Tauschhandel auf dem Truppenübungsplatz ▪ Magazin „Soldier“ berichtet über den „Altar Hitlers“ ▪ Bestandsaufnahme: Zerstörungen im Burggelände

Wenn auch mit Unterstützung anderer Einheiten, so war doch hauptsächlich das 1.Bataillon des 47. Infanterieregiments der 9. US-Division (Kommandant General Bradley, Stabschef Oberstleutnant Westmoreland) der Eroberer der einstigen NS-Ordensburg Vogelsang. In diesem Zusammenhang sei darauf hingewiesen, dass Westmoreland 1971 das Burggelände als Gast der Belgier erstmals wieder aufsuchte. Die Amerikaner hatten hier bis zum 12. Februar 1945 ihr Hauptquartier. Als sie ihren Aufmarsch in Richtung Rhein und dann Mitteldeutschland fortsetzten, rückten im Juni für kurze Zeit die Engländer in das Burggelände ein, verließen es aber im Herbst 1945 wieder. So stand die Burg Vogelsang im Winter 1945/46 leer.
Während dieser Zeit verschwanden viele Möbel und Einrichtungsgegenstände. Die Bevölkerung der benachbarten Ortschaften demontierte und raffte zusammen, was nicht niet- und nagelfest war. Im Vergleich zur Burg selber waren die Städte Gemünd und Schlei-

Zerstörungen einiger Kameradschaftshäuser

Bild links:
Blick vom Kultraum (Ehrenhalle) im Bergfried zum zerstörten Hörsaal

Bild Mitte:
Die zerstörte Burganlage mit dem einsturzgefährdeten Hörsaal in der obersten Etage. Vorne links ein zerstörtes Kameradschaftshaus, das später abgerissen wurde

Bild unten:
Britische Soldaten am Fackelträgerrelief beim Feuermal, wie es 1938 von Willy Meller geschaffen wurde. Im Sommer 1947 konnte man noch den vollständigen Spruch der Hitlerverehrung an der Wandseite lesen.

den sowie die meisten Dörfer stark zerstört. Es ist anzunehmen, dass auch viele Bauern neugierig durch die ehemalige Ordensburg gingen und erstmals die Räumlichkeiten des Parteibauwerkes begutachteten, von denen sie im Dritten Reich ferngehalten wurden und Einzelheiten nur aus der Zeitung erfahren hatten. Noch waren die nationalsozialistischen Hoheitszeichen und Skulpturen überall zu sehen.

Im Juni 1946 entschlossen sich die Engländer, aus der Burg Vogelsang einen Truppenübungsplatz zu machen. Sie nahmen für sich das Recht in Anspruch, das Gebiet um die Burg auf 6 354 ha zu erweitern, so dass das Dorf Wollseiffen geräumt werden musste. Über den schmerzlichen Auszug der Dorfbewohner wurde bereits an anderer Stelle berichtet.

Wer sich über die Zustände auf Vogelsang ab Sommer 1946 informieren will, findet in dem Bericht von Karl Kirchner „*Kraftstoff, Kaffee und Kartoffeln*" interessante Hinweise. Dieser beschreibt seine Tätigkeit als englischer Kriegsgefangener auf der Burg Vogelsang. In der mehrmonatigen Zeit als Lastwagenfahrer „mit Rechtssteuerung“ erhielt er Einblick in das karge Soldatenleben der Briten sowie deren Mentalität und sah die schlechten Unterkünfte. Das Hallenbad und die Turnhalle waren stark zerstört und in einem verwüsteten Zustand. Trat man, vom Adlerhof kommend, durch die Halle, erreichte man den Appellplatz und konnte an der Mauer noch immer das riesige Hoheitszeichen mit Hakenkreuz sehen, das als Relief sich deutlich abhob.

Als eine der ersten Arbeiten hatten Bauhandwerker das Hakenkreuz an der Mauer des Appellplatzes aus den Fängen des Adlers heraus zu klopfen. Sie füllten den Eichenkranz mit einem bunten Fenster. Danach begannen sie, oben die Wandelhalle zuzumauern. Dafür wurden neue hellrote Ziegelsteine verwendet, die zu den grauen Natursteinen einen schreienden Kontrast bildeten. Neben dem Ausbau zu einem britischen Truppenübungsplatz erfolgten ab 1946 systematische Abrissarbeiten und Veränderungen an der ehemaligen Bausubstanz. Karl Kirchner berichtet, dass eines Morgens eine ganze Kompanie deutscher Kriegsgefangener ankam, die als Arbeitseinheit eingesetzt werden sollte. Sie war in Mechernich in Nissenhütten einquartiert und wurde nun jeden Morgen von einer Transporteinheit gebracht und abends wieder abgeholt.

Aber die Deutschen brachten „Schwung in den Laden“, wie sich Kirchner erinnerte:

„Man begann damit, dass man erstens in all den schön weiß geplatteten Toilettenanlagen die Fliesen von den Wänden abschlug und zweitens überall das herrliche Parkett aus den Fußböden herausriss und in den Kellerräumen stapelte (...). Bedauerlich war, dass an den Wandplatten noch der Zement hing und sie deshalb als Handelsware wertlos waren. Dagegen brachten die Parketthölzer guten Ertrag. Bis weit ins Land hinein fanden wir dankbare Abnehmer (...). Die lästige Jagd nach Brennholz für unsere Öfen war nun jedenfalls vorbei. Die Keller und Kasematten füllten sich nach und nach mit Militärgut und Baumaterial. Es gab schließlich alles, was es sonst nicht gab. Herrliche, große Mannschaftszelte, Dachpappe, Fensterglas, Farben, Kabel und Elektrogeräte, Glühbirnen – kurz alles, wovon mancher nur träumen konnte.“

Das „Maggeln“ und Handeln wurde teilweise unter Beteiligung einiger britischer Soldaten gemacht. Als diese Aktivitäten allmählich ein ungewohntes Ausmaß annahmen, wurden schwarzuniformierte Polen und Jugoslawen als Wachkompanie herangezogen, die mit allen Mitteln ihr neues Amt ausfüllten. Aus dieser Zeit stammen auch die polnischen Namen und Bezeichnungen einiger Tore im Burggelände.

Das puritanische Gehabe der Engländer und ihr Hass auf alles, was nach Nationalsozialismus aussah, war beinahe sprichwörtlich. Selbstverständlich wurde auch 1946 der Spruch, der den überdimensionierten Fackelträger verbalisierte, zum Teil mit Hammer und Meißel entfernt. Als heroische Leistung wird die Anweisung von Lieutnant-Colonel W. Y. K. Blair Oliphant hervorgehoben, besonders den Namen Adolf Hitler aus dem Spruch am Fackelträger herausmeißeln zu lassen. Der englische Burgkommandant resümierte, dass sich Adolf Hitler auf Vogelsang als Gott verehren ließ, was nur noch zum dekadenten Römischen Reich eine Parallele gehabt hätte. Selbst der Vergleich mit Caligula wurde in einem Interview gebracht.

Im Juni 1947 veröffentlichte die englische Soldatenzeitung „*Soldier*“ eine Reportage über „*Vogelsang: Der schwarze Schrein von Adolf Hitler*“. Hier war von vielen „*namenlosen Kindern*“ die Rede, die als Elite des 3. Reiches „*gezüchtet*“ werden sollten. Dies war genauso unsinnig wie die Behauptung, dass sie vor einem „*Altar*“ Hitler „*geweiht*“ worden wären.

In diesem Zusammenhang ist der Verfasser der vorliegenden Dokumentation endlich in der Lage, den Verursacher des Gerüchtes zu nennen, dass aus der ehemaligen Burg Vogelsang

Die Reste der Zentralburg. Links der zerstörte Adlerhof

angeblich eine Niederlassung des *„Lebensborn“* gemacht worden sei. Es ist das englische Soldatenmagazin *„Soldier“*. Wörtlich heißt es in der Ausgabe von Juni 1947:
„Beim Betreten von Vogelsang schwor jeder junge Mann dem Christentum ab, indem er an einem Gottesdienst zu Ehren Adolf Hitlers teilnahm. Hier, selbst heute unter dem Abfall, der den Fußboden verunreinigt, kann man ein ungeheuer großes Hakenkreuz sehen. Mädchen, die dem blonden Typ des Herrenmenschen entsprachen, wie er in der widerlichen Philosophie von Alfred Rosenberg festgelegt ist, kamen auf die Burg, um Babies für das Vaterland zu bekommen. Unter all den Junkern wählten sie den Mann aus, den sie zum Vater ihres künftigen Kindes wünschten. Für alles war gesorgt, und die so genannten Hochzeiten wurden gesegnet während eines besonderen Kultvorganges in der Kapelle.
Am Ende des Kurses konnte sich die künftige Mutter entweder wieder nach Hause begeben oder im Lazarett der Burg aufhalten, wo sie jeglicher Luxus erwartete. Der Vater hatte keine weitere Verantwortung zu übernehmen. Er hatte seine Pflicht für das Vaterland erfüllt. Er hatte der Nation ein Kind geschenkt.“
Es ist erstaunlich, dass sich bis heute solche Gerüchte hartnäckig halten konnten. Die Archivunterlagen beweisen zudem, dass die Engländer bis 1950 nicht in der Lage waren, das „Phänomen Vogelsang“ zu bewältigen. Ihre peinliche Suche nach Fotos von ehemaligen Junkern und Schatztruhen am Ufer des Urftsees bleiben Insidern unvergessen. In der gesamten englischen Presse wurde im April 1948 bejubelt, dass man endlich einen Gärtner aus der Umgebung der ehemaligen Ordensburg Vogelsang gefunden hätte, der bereit sei, über die tatsächliche Funktion der Burg zu berichten und Fotos zu besorgen.
Unter dem Befehl von Lieut.-Col. Blair Oliphant standen 1947 acht Offiziere und ungefähr 100 Männer aller Waffengattungen, die die künftigen Brigaden im Truppenübungsgelände

zu betreuen hatten. Nahkämpfe wurden in den Ruinen des etwa 2 km entfernt gelegenen Dorfes Vogelsang trainiert. Auf dem ehemaligen Flugplatz waren Panzer im Einsatz. Etwa 3 000 Soldaten konnte man unterbringen, 2.000 in Zelten, den Rest in Kasernen.

Im März 1948 suchten die Engländer systematisch nach der Grundstein-Urkunde, die am 22. September 1934 von Robert Ley in einer Kupferrolle im Grundstein niedergelegt worden war. Angeblich war nicht bekannt, wo dieser Stein eingebaut worden war. Gleichzeitig setzte eine Jagd nach dem offiziellen Architekten von Vogelsang, Prof. Clemens Klotz, ein und nach Fotos, mit deren Hilfe man einstige Ordensjunker identifizieren konnte. Die Soldatenzeitung „Soldier" beklagte sich in der April-Ausgabe von 1948, dass kein Deutscher zur Mitarbeit bereit gewesen wäre.

Angeblich durch Zufall soll der Grundstein gefunden worden sein. Er wurde aus dem Felsen gelöst, und die Kupferrolle konnte heraus gebrochen werden. Der englische Reporter beschrieb die Urkunde in den glücklichsten Tönen. Sie befindet sich heute im British Museum, London.

Fotos von SS-Totenkopf-Einheiten wurden – angeblich – entdeckt. Diese wären es auch gewesen, die Hitler hier auf Vogelsang verehrt hätten. Das englische Magazin „Soldier" konstatierte, dass man nun mit Hilfe der Fotos nach den *„Nazi-Fanatikern"* fahnden könne.

Wie unbekannt selbst im Jahre 1948 noch die anderen Ordensburgen in Krössinsee und Sonthofen waren, beweist die Annahme des Reporters und englischen Militärs, dass es wohl in Dresden (!!) und irgendwo in Bayern eine weitere Ordensburg gegeben haben sollte. Weitere wären über ganz Deutschland verstreut.

Die Engländer bauten einige durch Bombenangriffe zum Teil zerstörte Anlagen der Burg Vogelsang bis 1950 wieder auf. Im neu angelegten Truppenübungsplatz wurden 9 Schießplätze und ein Übungsgelände für die Infanterie angelegt.

Die Burg war von Herbst 1945 bis Sommer 1946 unbelegt und diente der Bevölkerung als Quelle für Baumaterialien. Während die nicht so schweren Schäden nach und nach repariert werden konnten, wurde der Ostflügel des Adlerhofes nicht wieder ausgebaut. Ebenso wurde das obere Geschoss des Hauptgebäudes zwischen Turm und Adlerhof abgetragen und durch eine Dachkonstruktion ersetzt. Die Form der alten Bebauung ist aber noch am Turm deutlich erkennbar. Ebenso konnten zwei Kameradschaftshäuser unterhalb des Turms nicht wiederhergestellt werden. Während vom mittleren das Fundament heute noch sichtbar ist, musste das obere Haus einer Zufahrtsstraße weichen.

Englische Soldaten spielen Fußball vor der Silhouette der Ordensburg Vogelsang

11. Der NATO-Truppenübungsplatz der Belgier

Die NATO zu Gast: Das belgische „Camp Vogelsang“ ■ Kritik am Manöverlärm – Soziales Engagement der neuen Burgherren ■ Zu Besuch: Die Prominenz aus demokratischen Ländern

Aus der ehemaligen nationalsozialistischen Ordensburg Vogelsang (1934 bis 1945) und dem britischen „Training Center“ (1945/46-50) wurde ab dem 1. April 1950 das belgische „Camp Vogelsang“. Die Belgier übernahmen ein etwa 63 Quadratkilometer großes Truppenübungsgelände von den Engländern, die dies seinerzeit auf Kosten des Dorfes Wollseiffen und des idyllischen Urftsees – gegen den Widerstand der Eifeler Bevölkerung – ausgeweitet hatten. Im oft geäußerten Protest gegen die vielen Manöver vergaß man gerne, dass es die Engländer waren, die den Truppenübungsplatz angelegt hatten, und nicht die Belgier, die sich als „Verwalter des NATO-Truppenübungsplatzes“ verstanden. Die englische Epoche dauerte bis zum 1. April 1950, als belgische Truppen die Nachfolge antraten.

Das Archiv der Stadt Schleiden ist in Besitz der vieler Akten, die in Bezug auf Vogelsang seit 1945/46 angelegt wurden. In der Selbstdarstellung der Belgier wurde erklärt, dass man 4 500 ha Sperrgebiet „erbte“, innerhalb der Grenzen des Camps, und 1 800 ha (südlich von Dreiborn und westlich von Schleiden), wo nur Übungen auf Wegen und nicht bepflanztem Gelände erlaubt waren. Am 1. April 1950 wurde Vogelsang nun der Truppenübungsplatz des 1. belgischen Korps in Deutschland. Belgische Offiziersanwärter waren hier regelmäßig zu Gast und erhielten ihre Spezialausbildung.

Das belgische Militär baute unter anderem die Kaserne „Van Dooren“ (1951) auf dem ehemaligen Gelände des avisierten „Hauses des Wissens“. Die Fundamente zu dem nationalsozialistischen Monumentalbau waren bereits vorhanden. Mauern hatte man bis zur Höhe von 5 m hochgezogen, als dann 1941 die Arbeiten eingestellt wurden. Hier sollte eigentlich die große „Parteiuniversität“ des Dritten Reiches entstehen.

Anfangs gab es mehrere Barackenlager, die aber im Laufe der Jahre wieder abgerissen wurden. Gebaut wurden auch das Lager „Schelde“, ein Kinosaal für 1200 Zuschauer, der bis heute zu den größten in der Bundesrepublik Deutschland gehört, die Panzerhallen, die Waschanlage für Lastkraftwagen und Kettenfahrzeuge sowie viele betonierte und asphaltierte Straßen. Das Schwimmbad und die meisten Gebäude wurden restauriert oder ausgebessert. Die belgische Burgchronik berichtet, dass die 4. Brigade die erste belgische Einheit war, die im Camp Übungen ausführte (1.-15.7.1950).

Seit dem 5. Mai 1955 war Deutschland keiner Besatzung mehr unterworfen. Aber seitdem artikulierte sich der Protest gegen die vielen Manöver westeuropäischer Militär-

Die 4. Brigade war die erste belgische Einheit, die vom 1. bis zum 15. Juli 1950 im Camp Vogelsang Übungen ausführte.

einheiten. Dagegen stand jedoch auch das Bemühen der Kommandantur von Vogelsang, die Beziehungen zur Bevölkerung im Bereich Einruhr-, Ruhrberg-, Dreiborn-, Gemünd sowie Schleiden zu verbessern. Hinzu kommt, dass der belgische Truppenübungsplatz auch NATO-Truppen zur Verfügung stand, aber in diesem Zusammenhang einer der kleinsten in Deutschland war.
Wegen der Evakuierung der Bewohner von Wollseiffen zum 1. September1946 schlug den Engländern damals Hass entgegen. Dagegen pflegten die Belgier und der „Traditionsverein Wollseiffen" freundschaftliche Beziehungen.

Bei der Räumung von Wollseiffen im Jahre 1946 mussten auch die Gräber der verstorbenen Angehörigen zurückgelassen werden. Bei den Übungen der Soldaten innerhalb des Dorfes sollten zwar die Grabstätten respektiert werden, aber die Verwüstungen wurden dennoch immer größer. Daher plante die belgische Kommandantur – gemeinsam mit deutschen Stellen – eine würdevolle Umbettung der Toten in die Gemeinden, in denen sich die ehemaligen Bewohner von Wollseiffen seit dem 1. September 1946 niedergelassen hatten. In Zusammenarbeit mit dem belgischen Verbindungsoffizier, Captain Commandant Mosbeux, übernahm im Jahre 1955 der Friedhofsbeauftragte des Soldatenfriedhofs Vossenack, Hauptmann a.D. Erasmus, die Leitung der Umbettung. An der Straße von Einruhr nach Gemünd, Abzweigung Vogelsang, waren in fünf großen Zelten die sterblichen Reste aufgebahrt, die Tag und Nacht durch eine belgische Ehrenwache umstellt waren. Sogar ein Altar wurde im Freien aufgestellt, an dem der belgische Standortgeistliche der Burg Vogelsang ein feierliches Totenamt zelebrierte, assistiert von dem letzten Wollseiffener Pfarrer Heßler, Pfarrer Grundmann aus Herhahn und dem Oberpfarrer Dr. Heitzer aus Gemünd.
Aktiv war auch die Sozialarbeit von Camp Vogelsang. Behinderte und Senioren der nahen Umgebung wurden unterstützt. Gemeinsam mit Kindern aus der nahen Umgebung feierte man Weihnachten. Alle zwei Jahre ermöglichte man im Rahmen des „Tages der Offenen Tür" Interessierten den Zugang zu dem eigentlich nur militärischen Gelände. Etwa 20.000 bis 30.000 Deutsche und Ausländer nahmen diese Gelegenheit wahr.

Das belgische Truppenübungsgelände, das den westlichen Streitkräften für Manöver zur Verfügung gestellt wurde, erhielt seit 1950 von vielen belgischen und ausländischen Persönlichkeiten Besuch. Unter diesen befand sich auch: König Baudouin I. (28.4.1961 und 5.6.1964), der französische Marschall Juin (7.5.1954), Prinz Bernhard der Niederlande (2.12.1954 und 15.10.1975), US General Westmoreland (11.5.1971) und Bundespräsident Karl Carstens (30.11.1983).

Bundespräsident Karl Carstens und Kommandeur OTL C. Bernard (30.11.1983)

Die Selbstdarstellung der Belgier und ihre Chronik fassten folgende Fakten zusammen:

Burg Vogelsang

Oberfläche	+ 4 .500 ha (250 ha Wasserfläche) (1.500 ha Wald)
Umfang	+ 40 km
Straßen – Wege (instand zu halten)	+ 75 km
Übergänge und Brücken	19
Stausee	45.000.000 m^3
Schießstände -Wasserturm -Verbrauch/Monat -Wasser- leitungen Beleuchtungspunkte	+ 39 1.500.000 l – 25.000 m^3 17 km 6.504
Heizanlagen (7 Heizungen)	insgesamt 11.000.000 Cal/Std.
Elektrizität: MAX Verbrauch/Monat	1.000 KVA 5.000/400 Volt 240.000 KW
Telefone Fernschreiber	100 1
Bedachung	57.750 m^2
Dachrinnen	10.793 m
Kläranlage	370 Liter/Sec.
Bettenzahl	3.000
Belegung	6 Monate Tp BE 6 Monate Tp NL, UK, GE, US, CDN

Das Gelände von Vogelsang wird durch die Bundesstraße B 266 zweigeteilt. Dennoch konnten die Belgier die Zahl ihrer Schießstände durch die Ausnutzung der kleinen Täler mit den steilen Hängen erhöhen. Hier konnten Infanteristen und Panzereinheiten üben (1947: 9 Schießstände; 1952: 20; 1980: 39). Auf bestimmten Plateaus fanden zudem taktische Übungen statt.

Von 1950 bis 1955 benutzten nur belgische Truppen das Camp. Seit 1956 kamen die anderen NORTHAG-Partner (Deutsche, Engländer, Amerikaner, Niederländer, Kanadier und Luxemburger) regelmäßig, um in Vogelsang zu üben. Jahr für Jahr wurde Camp Vogelsang für 47 Wochen durch 30.000 bis 40.000 NATO-Soldaten, die jeweils für 2 Wochen blieben, für Übungszwecke benutzt.

Die ehemalige NS-Ordensburg sollte eine „Herrenrasse“ und für eine Diktatur politisch zuverlässige Nachwuchsführer der NSDAP heranbilden. Im Laufe der in dieser Dokumentation dargestellten Entwicklung und Geschichte ergab sich seit Kriegsende ein wichtiger Wandel: Bis Ende des Jahres 2005 übten auf dem Gelände der Burg Vogelsang nur Soldaten, die die Demokratie der europäischen Länder zu sichern hatten.

12. Deutsche Bundeswehr und Belgisches Militär bereiten die zivile Nutzung des Truppenübungsplatzes Vogelsang vor

Kooperation zwischen „Deutschen Militärischen Vertretern" (DMV) und belgischer Kommandantur ■ Unauffällige, aber erfolgreiche Arbeit der Bundeswehr ■ Der „lautlose" Rückzug des deutschen Stabes

Nach der Gründung der Bundeswehr und der Wiederbewaffnung der Bundesrepublik am 5. Mai 1955 sollten die Deutschen in das westliche Bündnissystem integriert werden. In diesem Zusammenhang entstanden auch Kontakte, die eine Kooperation mit den belgischen Streitkräften auf dem Areal der einstigen NS-Ordensburg Vogelsang vorsah. Deutsche Soldaten sollten auch auf dem neuen Truppenübungsplatz auftreten.
Bereits seit 1957 war die Bundeswehr mit einem kleinen Stab als „Verbindungskommando" auf dem ehemaligen Gelände des Truppenübungsplatzes Vogelsang und der einstigen NS-Ordensburg stationiert. Dies geht auch aus dem Aktenmaterial hervor, das im Dezember 2007 der „Deutsche Militärische Vertreter" auf dem Truppenübungsplatz Vogelsang dem Euskirchener Regionalhistoriker Hans-Dieter Arntz überließ.
Die erste Etappe in der militärischen Präsenz der deutschen Bundeswehr war in der Zeit von 1957 bis 1975. Jedoch schon im Jahre 1969 hatte das Heeresamt erwogen, das „Verbindungskommando" auf dem Gelände Vogelsang aufzulösen, weil auf dem in der Eifel gelegenem Truppenübungsplatz nur in begrenztem Umfang geübt werden konnte. Hierfür waren die Benutzungskosten zu hoch. Einheiten der Bundeswehr hielten hier nur Schießübungen und kleinere infanteristische Übungen ab. Zum Einsatz von Panzern und Kettenfahrzeugen war der Bundeswehr das Gelände zu zerklüftet. Außerdem war ein Scharfschießen mit Bordkanonen und Geschützen nicht möglich, weil der zur Verfügung stehende Platz kleiner war, als der vorgeschriebene Sicherheitsbereich von 18 km Abstand.
Im Dezember 1975 berichtete die Regionalpresse vom „Rückzug der Bundeswehr". Hauptmann Wilhelm Walter und seine Mitarbeiter verabschiedeten sich bei einem Empfang im Verbindungskommando von den militärischen und zivilen Stellen, mit denen sie stetig zu tun hatten. Das waren die Stadt Schleiden und das Forstamt, die belgische Kommandantur Vogelsang, das Verteidigungskreiskommando Düren und das Bezirkskommando Köln.
Das Verbindungskommando, das später als „Der Deutsche Militärische Vertreter" firmierte, war im Dezember 1957 eingerichtet worden. Hauptmann Schuchardt nahm für 15 Monate die Aufgaben von Höfen aus wahr. Erst im März 1959 wurde die Dienststelle auf die Burg Vogelsang verlegt. Die belgische Kommandantur stellte die Räume in der Vorburg zur Verfügung. Im Juli 1964 übernahm Major Schmidt die deutsche Dienststelle. Als er am 1. Oktober 1970 als Oberstleutnant in den Ruhestand trat, wurde Hauptmann Walter als Nachfolger eingeführt.
Im Rückblick kann gesagt werden, dass bis zum Jahre 1975 durchschnittlich 20 Soldaten und Zivilangestellte die Aufgabe hatten, die Übungen der Bundeswehreinheiten auf dem Truppenübungsplatz Vogelsang vorzubereiten und die Sicherheitsvorschriften zu überwachen. Zu diesen Vorbereitungen gehörte die Einrichtung von Schießbahnen auf den Schießplätzen. Der Journalist Heinz H. Naumann ergänzte hierzu in einem Artikel vom 11. Dezember 1975 (Kölner Stadt-Anzeiger), dass die Schießscheiben unbedingt den Vorschriften der Bundeswehr zu entsprechen hatten, womit es offenbar gelegentlich Probleme gab. Die letzte Dienststelle befand sich im Obergeschoss eines Flügels am „Malakowtor", der

Verladen der KFOR-Panzer am Höddelbach bei Schleiden

Einfahrt zur Burg. Stilvoll verabschiedeten sich die deutschen Soldaten:

„Am Jahresende wird das Verbindungskommando der Bundeswehr auf der Burg Vogelsang aufgelöst, weil die Bundeswehr den Truppenübungsplatz nicht mehr benutzen will. Hauptmann Wilhelm Walter und seine Mitarbeiter verabschieden sich heute bei einem Empfang im Verbindungskommando von den militärischen und zivilen Stellen, mit denen sie ständig zu tun hatten. Das waren die Stadt Schleiden und das Forstamt, die Kommandantur Vogelsang, das Verteidigungskreiskommando Düren und das Bezirkskommando Köln."

Mit Beginn der 90er Jahre und den politischen Neuerungen, die der Zusammenbruch der kommunistischen Systeme sowie die Wiedervereinigung mit sich brachten, bekam auch die Kooperation zwischen der belgischen Kommandantur auf Burg Vogelsang und der Bundeswehr einen neuen Stellenwert. Der DMV, „Deutscher Militärischer Vertreter", bereitete den Übergang des langjährigen Truppenübungsplatzes in eine zivile Nutzung vor.

Seit dem 5. Dezember 1997 gab es einen strukturellen Wandel in der Repräsentation des belgischen Truppenübungsplatzes Vogelsang, denn seit diesem Zeitpunkt stellte ein kleines deutsches Kommando den Kontakt zum Verteidigungsministerium her. Die „Deutschen Militärischen Vertreter" (DMV) waren Joachim Kocherscheid, danach Oberstleutnant Thomas Enke. Sie kooperierten mit den Belgiern in einer Zeit, in der über die künftige Nutzung der ehemaligen „NS-Ordensburg" nachgedacht wurde. Auch die Einrichtung des Nationalparks (1. Januar 2004) fiel in diese Phase. Unter der Regie des letzten belgischen Kommandanten, LtCol Daniel Piette (2002 bis zum 21.12.2005) wurde die Übergabe des belgischen Truppenübungsplatzes an die Bundesrepublik vorbereitet.
Die Aufgaben der Deutschen Bundeswehr stellte Oberstleutnant Joachim Kocherscheid als erster „Deutscher Militärischer Vertreter" (DMV) seinerzeit folgendermaßen dar:

- *Kooperation mit der belgischen Kommandantur und dem belgischen Stammpersonal*
- *Beratung des Kommandanten über Bestimmungen und Zuständigkeiten im deutschen Recht*
- *Vertretung deutscher militärischer Interessen gegenüber den öffentlichen Dienststellen*
- *Überwachung der Einhaltung der Verwaltungsvereinbarungen zum Zusatzabkommen zum NATO- Truppenstatut in allen Fragen der Nutzung des Truppenübungsplatzes*
- *Repräsentation von Presse- und Öffentlichkeitsarbeit der Bundeswehr.*

Der erste Schwerpunkt betraf somit die Aufnahme und Intensivierung der Kommunikation zwischen der belgischen Übungsplatzkommandantur und allen kommunalen Ebenen. In diesem Bereich standen die Deutschen seit 1997 als Verbindungsorgan allen Seiten zur Verfügung, so dass die Verständigung grundsätzlich erleichtert wurde. Aufgebaut wurde seitdem auch der gegenseitige Gedankenaustausch, der in Zeiten der obligatorischen Manöver zum Verständnis der jeweils anderen Seite beitrug. Dies gelang in einem *„Kompromiss nach der Formel: Soviel Ausbildungs- und Übungsbetrieb wie nötig – auch vor dem Hintergrund des damaligen Bosnieneinsatzes – und soviel Schutz von Bevölkerung und Natur wie möglich."*

Im August 2000 übernahm Oberstleutnant Thomas Enke die Leitung des Deutschen Militärischen Vertreters (DMV) auf dem Truppenübungsplatz Vogelsang und nahm gleichzeitig die Funktion des Standortältesten für den Bereich Schleiden ein. Die Dienststelle bestand zur damaligen Zeit zusätzlich aus einem Oberleutnant, einem Hauptfeldwebel, einem Oberfeldwebel, einem Stabsunteroffizier und einem Mannschaftsdienstgrad. Diese militärische Stärke veränderte sich in Laufe der kommenden 5 Jahre nur leicht. Hinzu kamen ein Oberstabsfeldwebel sowie weitere Mannschaftsdienstgrade, in Spitzenzeiten waren bis zu 6 Gefreite, Obergefreite oder Hauptgefreite beim DMV zu finden. Hinzu kam eine Zivilangestellte. Für den Außenstehenden war die Tätigkeit des DMV unauffällig und medienmäßig nicht spektakulär. Dennoch ist diese Phase der Vorbereitung auf die zivile Nutzung des Truppenübungsplatzes Vogelsang bedeutsam.

Die Bundeswehr machte in dieser Zeit konkrete Vorschläge, um die „Konversion" des belgischen Truppenübungsplatzes sinnvoll planen zu können. Dennoch gab es hier Enttäuschungen, weil manche Projekte nicht realisiert wurden: *„Keine Archivierung historisch wichtiger Dokumente, keine Denkmalpflege, keine Fähre über den Urftsee oder neue Wege auf der Burgseite der Urft – von der Mauer der Talsperre zur Burg Vogelsang, kein Freibad auf der Insel Krummenauel."*

Erfolgreich war die Kooperation des deutschen Stabes mit dem Naturschützer Volker Hoffmann in der Zielsetzung eines Nationalparks. Es gab unzählige Führungen für den BUND, den Regierungspräsidenten von Köln, den Staatssekretär vom Düsseldorfer Umweltministerium und vielen anderen Repräsentanten. Mit Geländewagen ging es zu den schützenswerten Teilen des Truppenübungsplatzes und zu den bedrohten Tier- und Pflanzenarten. Insofern war die Bundeswehr in dieser Phase der Vorbereitung auf eine zivile Nutzung des Truppenübungsplatzes stark involviert.

Volker Hoffmann vom Förderverein Nationalpark und Dr. Bärbel Höhn, Umweltministerin von NRW, beim letzten „Tag der Offenen Tür" auf Vogelsang (2004)

Oberstleutnant Thomas Enke, Leiter des DMV (Deutscher Militärischer Vertreter) und der belgische CmdCpt Malaise

Immer noch lag die Hauptaufgabe des DMV in der Sicherung und Verhinderung von lokalen Manöverschäden sowie in der weiter ausgebauten Kontaktpflege zu den umliegenden Gemeinden und zivilen Einrichtungen. Zu einer anderen Aufgabe gehörten Kontrollfahrten im Gefahrenbereich um den Truppenübungsplatz herum, Mitarbeit beim Anlegen und Durchführen von Übungen sowie die Überwachung der Einhaltung von deutschen Gesetzen und Verordnungen.

Eine Besonderheit in der ländlich strukturierten Region war einst die Sperrung des Truppenübungsplatzes bei der Gefahr der aufgetretenen Maul- und Klauenseuche. Die gesamte Anlage musste für längere Zeit nicht nur für die Soldaten, sondern auch am Wochenende für die zivile Bevölkerung gesperrt werden. Besonders in dieser brisanten Situation konnten die Deutschen den Belgiern hilfreich zur Seite stehen, da der Unmut der Bauern, aber auch Erholungssuchenden durchaus verständlich war. Es waren nämlich gewisse Zufahrtswege und Straßen, aber auch die Wanderwege gesperrt worden. Die Deutsche Militärische Vertretung hatte jedoch

Immer wieder Besuchergruppen.
Hier Oberstufen-Schüler eines Euskirchener Gymnasiums (2005)

gelegentlich den Eindruck, dass das notwendige Verständnis bei der Bevölkerung nicht immer vorhanden war. Die Sperrung sollte gleichzeitig als notwendiger Schutz der reichhaltigen Tierwelt auf dem damaligen Truppenübungsplatz gewertet werden. Vor einigen Jahren konnte man noch nicht wissen, welche Bedeutung der bald eingerichtete Nationalpark Eifel haben sollte.
Unter Leitung von Oberstleutnant Enke wurden nebenbei auch Übungsvorhaben für deutsche Truppenteile vorbereitet und betreut, unter anderem für die Technische Schule des Heeres aus Aachen (Feuerwerker-, Fahrschul- und Offizierausbildung), Jagdbombergeschwader aus Nörvenich (Objektschutzbataillon), Reservistenverbände sowie auch für die Bundespolizei.
Soweit es der Dienstplan zuließ, vertiefte das deutsche und belgische Militär die Kooperation z.B. in Form von gemeinsamen Weiterbildungs-Veranstaltungen. Besonderes Interesse fand der Besuch der ehemaligen Ordensburg in Sonthofen. Oberstleutnant Enke vergab mehrere hohe Auszeichnungen an belgische Soldaten, so zum Beispiel das Ehrenkreuz der Bundeswehr an CmdCpt Vinage und die Ehrenmedaille der Bundeswehr an Sgt Schmitz. Beide wurden ausgezeichnet für ihre Verdienste im sozialen Bereich, zum Beispiel für die Unterstützung des Sonderkindergartens in Kall.
Diese Phase der *„Vorbeitung zur Konversion des Truppenübungsplatzes“* wurde von der Bundeswehr und der belgische Kommandantur bis Ende 2005 gemeinsam gestaltet. Fortgesetzt wurden die Wohltätigkeitsveranstaltungen, der Ausbau der Wanderwege und die Führung von Schulklassen und anderen Besuchern. Bei einem schweren Unwetter in Kall wurde mit deutsch-belgischer Hilfe ein Altenheim trockengelegt.
Das Interesse der Bevölkerung an dem Truppenübungsplatz war über die Jahre hin sehr groß. Das zeigte sich bei jedem „Tag der Offenen Tür“. Beim letzten Male im Jahr 2004 kamen mehr als 20.000 Besucher. Interessant war die Motivation der vielen Besucher, die an den von Belgiern und Deutschen geführten Führungen teilnahmen. Eigentlich gab es nie „rechtslastige Gruppen“, sondern eher Schulklassen, militärische Einheiten und spezielle Gruppen mit historischem oder sozialem Hintergrund. Ansonsten wäre die Flut der Anfragen nicht mehr zu bewältigen gewesen. Seit dem Jahr 2003 kamen auch immer mehr Personen, die sich für Umwelt, Natur und Ökologie interessierten. Dies betrachteten die Referenten als den „Beginn vom Nationalpark Eifel“. Etwa 10.000 Besucher wurden schon unter der militärischen Verwaltung der ehemaligen Ordensburg pro Jahr durch das Gelände und die ehemalige NS-Ordensburg Vogelsang geführt.
Eine besondere Beziehung bestand zum Wasserverband. Die Urft-Talsperre und der Obersee lagen mitten im Truppenübungsplatz und bedurften eines besonderen Schutzes, sowohl von der zivilen als auch von der militärischen Seite. Durch militärische und zivile Kontrollen wurde verhindert, dass sich Personen von der Kreisstraße oder den Wegen entfernten, um Blindgänger zu suchen.
In einem Interview lobte Oberstleutnant Enke die lokale Gruppe der deutschen Reservisten. Um die militärischen Aufgaben wahrnehmen zu können, reichte vielfach das Personal des DMV nicht aus. Für die Durchführung von repräsentativen Maßnahmen, zum Beispiel am Volkstrauertag, wurde somit auf Reservisten der Umgebung zurückgegriffen. Nur mit deren Hilfe war es möglich, zum Beispiel am Volkstrauertag gleichzeitig 4 Soldatenfriedhöfe angemessen und würdevoll zu besuchen und den Veranstaltungen beizuwohnen.
Im Laufe des Jahres 2004 begann die Auflösung des Truppenübungsplatzes. Es wurde klar, das im Jahr 2005 kein militärischer Übungsbetrieb mehr stattfinden würde. Somit musste das Personal der deutschen und belgischen Dienststellen verringert werden. Die Personalführung der Zivilbediensteten des Truppenübungsplatzes Vogelsang engagierte sich energisch, aber offenbar erfolglos gegen die geplanten Entlassungen.

Lautlos wurde die „Deutsche Militär Vertretung" (DMV) im Herbst 2005 aufgelöst. Ein Teil der belgischen Soldaten ging in den Ruhestand oder kam auf dem benachbarten Truppenübungsplatz Elsenborn unter. Das Material des Truppenübungsplatzes wurde abgebaut und in Belgien weitergenutzt.

Das Bauwerk der ehemaligen NS-Ordensburg in der Eifel gehört zu den wenigen erhalten gebliebenen Relikten des Nationalsozialismus. Er warnt vor dem ewig Gestrigen, ruft aber zur Auseinandersetzung mit unserer jüngsten Vergangenheit auf. Dies ist die Chance der imposanten Anlage. Die Tatsache, dass sich die Burg im Herzen des Nationalparks Eifel befindet, befreit eigentlich von der Zurückhaltung, mit der man ansonsten ähnliche Bauten, Museen oder Gedenkstätten betritt. Sicher steht dem Besucher nicht nur ein ehemaliges nationalsozialistisches Monument isoliert gegenüber, sondern er befindet sich auch inmitten einer beeindruckenden Landschaft, die ihn „versöhnt". Tatsache jedoch ist, dass die Erinnerung wach gehalten wird. In diesem Sinne äußerte sich der ehemalige Bundespräsident Richard von Weizsäcker, der in seiner berühmt gewordenen Rede vom 8. Mai 1985 wörtlich sagte:
„Es geht nicht darum, Vergangenheit zu bewältigen. Das kann man gar nicht. Sie lässt sich ja nicht nachträglich ändern oder ungeschehen machen. Wer aber vor der Vergangenheit die Augen verschließt, wird blind für die Gegenwart. Wer sich der Unmenschlichkeit nicht erinnern will, der wird wieder anfällig für neue Ansteckungsgefahren!"

* * *
*

Führungsanwärter der Ordensburg Vogelsang beim Appell (1937)
(Quelle: US Army Photograph, Pentagon SC 200413)

Buchinformation zum Standardwerk von Hans-Dieter Arntz „Ordenburg Vogelsang 1934-1945“ – Erziehung zur politischen Führung im Dritten Reich, 5. Auflage von 2006

5. aktualisierte Auflage
265 Seiten und 245 Fotos und Dokumente; **€ 17,00**

ORDENSBURGEN waren keineswegs „Zuchtstätten“ einer germanischen Herrenrasse und auch nicht eine Niederlassung des berüchtigten „Lebensborn“, wie es heute noch viele Deutsche wissen wollen, sondern Ausbildungsanstalten für künftige Führungskräfte der NSDAP.

Die Auslese und Heranbildung der nationalsozialistischen „Führeranwärter“ war jedoch derart elitär und auf die Verwaltung deutscher Diktatur ausgerichtet, dass sie selbst in der Zeit des so genannten 3. Reiches „sagenumwoben“ blieben.
Unter der Leitung des Reichsorganisationsleiters der NSDAP, Dr. Robert Ley, entstanden im Deutschen Reich drei Ordensburgen. In Crössinsee wurden die Anwärter charakterlich ausgerichtet. Sonthofen bildete sie in Verwaltungs-, politischen, diplomatischen und Militäraufgaben aus. Die in der Eifel gelegene Ordensburg Vogelsang verbreitete die rassistische Philosophie der neuen Ordnung.
Die Dokumentation gilt immer noch als Standardwerk zur Geschichte sowie Methodik und Didaktik der drei Ordensburgen. Sie ist ein wissenschaftlicher, aber dennoch sehr gut lesbarer Beitrag zur Gesamtthematik: „Erziehung zur politischen Führung im Dritten Reich“.
Anhand des großen Bild- und Quellenmaterials wird der Leser selbst zur Analyse aufgerufen.

Da die Ordensburg Vogelsang nur von 1936 bis 1939 „Junker“ ausbildete, kann die potenzielle Auswirkung der „härtesten Schule der Welt“ nur erahnt werden. Es lässt sich jedoch feststellen, dass die Ausrichtung der „Führeranwärter“ bzw. „Ordensjunker“ auf den drei Burgen Crössinsee, Sonthofen und Vogelsang sicher ein wichtiger Beitrag gewesen wäre, um die von der NSDAP auf lange Sicht entworfenen Pläne deutscher Herrschaft in Europa zu verwirklichen.

Zu beziehen: Helios-Verlag, Brückstr. 48, 52080 Aachen, Tel.Nr 0241-555426, eMail: Helios-Verlag@t-online.de; www.helios-verlag.de

---

Der Autor
Hans-Dieter Arntz (*24. Juni 1941 in Königsberg) ist ein deutscher Regionalhistoriker. Seit 1975 erforscht er zeitgeschichtliche Fragestellungen des Rheinlandes mit dem Schwerpunkt Eifel.
Arntz besuchte in Bonn das staatliche Beethoven-Gymnasium und studierte nach dem Abitur an den Universitäten Bonn und Köln Sozialwissenschaften, Soziologie, Psychologie und Erziehungswissenschaft. Seine Pensionierung erfolgte als Oberstudienrat im Juli 2006 nach 40jähriger Lehrtätigkeit in der Kreisstadt Euskirchen.
Arntz veröffentlichte vor allem in historischen Jahrbüchern und Tageszeitungen und hält Vorträge. Seine Dokumentationen und Bücher befassen sich mit der rheinischen Landeskunde. Er gab Empfehlungen zur Benennungen von Straßen und Errichtung von Mahnmälern, die

an die Opfer des Holocaust und des Zweiten Weltkrieges erinnern. Wegen seiner deutsch-jüdischen Versöhnungsarbeit, die in Form von Besorgung von Rentenbescheiden, Zusammenführung jüdischer Familien und Organisation von Treffen mit ehemals jüdischen Mitbürgern erfolgte, erhielt Arntz 1985 das Bundesverdienstkreuz.

Die Forschungsergebnisse zu den Projekten „Jupp Weiss aus Flamersheim, der Judenälteste von Bergen-Belsen“ und „Religiöses Leben der Kölner Juden im Ghetto von Riga“ wurden vom Leo Baeck Institut und Yad Vashem in Jerusalem übernommen.

Mit seinem Buch *Ordensburg Vogelsang 1934-1945 – Erziehung zur politischen Führung im Dritten Reich* machte Arntz 1986 auf die „Ordensburg“ genannten Kaderschmieden des Nationalsozialismus aufmerksam. Sein Hauptwerk ist die regionalhistorische Dokumentation „Judenverfolgung und Fluchthilfe im deutsch-belgischen Grenzgebiet.“ Darin wurden u.a. Gerichtsakten der Synagogenbrand-Prozesse systematisch bearbeitet und Fluchthilfe-Organisationen dargestellt, die bis 1943/44 Flüchtlinge über die Grüne Grenze brachten.

- JUDAICA – Juden in der Voreifel (1983)
- Kriegsende 1944/1945 – Zwischen Ardennen und Rhein (1984)
- Ordensburg Vogelsang 1934-1945 – Erziehung zur politischen Führung im Dritten Reich (1986)
- Judenverfolgung und Fluchthilfe im deutsch-belgischem Grenzgebiet (1990)
- Kriegsende 1944/1945 im Altkreis Euskirchen (1994)
- Kriegsende 1944/1945 im Altkreis Schleiden (1995)
- Ordensburg Vogelsang – Im Wandel der Zeiten (2007)
- Kriegsende – Durch die Voreifel zum Rhein (2007)
- „REICHSKRSTALLNACHT“ – Der Novemberprogrom 1938 auf dem Lande (2008)

Auszeichnungen

- Janusz-Korczak-Medaille/Israel (1984)
- Bundesverdienstkreuz (1985)
- Rheinlandtaler (1992)

Homepage des Autors: www.hans-dieter-arntz.de

„ORDENSBURG VOGELSANG 1934-1945“ **English Version**

A standard work by the German author Hans-Dieter Arntz. It deals with the special tracking to elite Nazi ranks and racial institutions for future high-level personnel during the time of National Socialism in Nazi-Germany. The technical term “Ordensburg” translates into English as “Order Castle”.

Until 1986 there was a gap of knowledge on this special kind of adjustment and not a single book had been written on the ideology and especially on this kind of selection and training of the future “leaders” in Nazi-Germany. It was the German sociologist and upper secondary school teacher Hans-Dieter Arntz, who researched this unknown field of history. His research book “Ordensburg Vogelsang 1934-1945 - Erziehung zur politischen Führung im Dritten Reich” was published 1986 and had its 5th edition in August 2006. For twenty years it has been the only standard work in Germany which answers the political question: How to learn leadership in the “Third Reich”.

Since 1934 the term “Ordensburg” had been applied to an idea of an exaggerated national philosophy. It was no “school” for elite Nazi military ranks, but more a place for the political adjustment to National Socialism in Germany. The future “leaders” of the “Third Reich” (called “Junker”) were destinated for a political career in the NSDAP or administration of conquerred countries “all over the world”. They wanted to be regarded as “political readers” but who were in reality German fanatics and racists.

The term “Ordensburg” reminds one not only of a castle or a medieval fortress and knights of a German order fighting against the Prussian tribes, but also of a secret society of men. There were only three of them: Krössinsee, Sonthofen and the most important one: Ordensburg

Vogelsang near Cologne. However, they were by no means "breeding places" of a Germanic gentleman race and also not a notorious address for "Lebensborn" ("Born and Fountain of Germanic life"), as even today many Germans want to know it.
Actually, they were newly-built NS-castles for future high-level staff of the NSDAP, which was the only political party during the time of German dictatorship. The selection of the "leader-candidates" (so called "Junker") aged between 23 and 27 and the drill and special training however were conducted in such a manner so elitist and aligned to the administration of German dictatorship that this fact still remains mystical. These candidates had to change such an Order Castle every year. Everybody should have attended Krössinsee, Sonthofen and of course the Order Castle "Vogelsang".
They were not to be regular soldiers belonging to a conventional army, but they had to learn with a blind faith how to administer and govern. Under the command of the minister for labour and organization, Dr. Robert Ley, only three "Ordensburgen" developed in the "Third Reich".
In Krössinsee the candidates were aligned in character. At Sonthofen (Bavaria) they were supposed to be trained in political and diplomatic administration and in the tasks of military, but that Order Castle was never used like that. The most important of the three "Ordensburgen" was VOGELSANG, which was situated in the midlands of the Eifel near Belgium. It spread the racistic philosophy of the German dictatorship and the new order.
The book "Ordensburg Vogelsang 1934-1945" written by Hans-Dieter Arntz is a documentation which presents for the first time methodology and didactics of the order castles. It is a scientific, but nevertheless a very well readable contribution to the total topic: "Education for political leadership and command in the German dictatorship". It consists of 260 pages with more than 250 photos and documents. To this day it is the only standard work on this political term.
As the "Ordensburg Vogelsang" trained future "leaders of the German National Socialism" for only three years (1936-1939), one can only imagine the potential effect "of the hardest school in the world". It can be stated, however, that the impact of the "Führeranwärter" or "Ordensjunker" at the three castles of Krössinsee, Sonthofen and Vogelsang could have been an important contribution in order to carry out the plans of German rule in Europe in the long run.
Hans-Dieter Arntz, *Ordensburg Vogelsang 1934-1945 – Erziehung zur politischen Führung im Dritten Reich*, Euskirchen 1986, 5th edition 2006

Available: Helios-Verlag, Brückstr. 48, 52080 Aachen, Tel.Nr 0241-555426,
eMail: Helios-Verlag@t-online.de; www.helios-verlag.de
More information: www. hans-dieter-arntz.de

Der Autor / The author

Hans-Dieter Arntz

Kriegsende

Durch die Voreifel zum Rhein

Das Kriegsende und der amerikanische Vormarsch durch die Voreifel zum Rhein stellt der Euskirchener Regionalhistoriker, der sich seit etwa 20 Jahren mit der Schlussphase des 2. Weltkrieges im Raum der Ardennen bis zum Rhein beschäftigt, detailliert dar.

162 Seiten, fest gebunden mit Schutzumschlag, 220 Abbildungen, 2 Karten, 23x28 cm; **ISBN 978-3-938208-61-8** **€ 29,70**

Hans-Dieter Arntz

„Reichskristallnacht“

Der Novemberpogrom 1938 auf dem Lande

Was dieses Buch von ähnlichen Dokumentationen unterscheidet, sind die seltenen historischen Fotos und der Nachweis, dass „auf dem Lande“, wo einer den anderen persönlich kennt, vieles anders als in den Großstädten verlief. Hier gab es selten die Anonymität der „Brandstifter im Räuberzivil“, sondern hier waren es meist bekannte Fanatiker aus der Nachbarschaft. Gerichtsdokumente und „vergessene“ Zeitzeugenaussagen bei den „Synagogenbrand-Prozessen“ weisen dies detailliert nach.

196 Seiten, fest gebunden mit Schutzumschlag, 285 Abbildungen, 23x28 cm; **ISBN 978-3-938208-69-4** **€ 29,70**

Hans-Josef Hansen

Felsennest – Das vergessene Führerhauptquartier in der Eifel

Die vorliegende Dokumentation berichtet von der Entstehung, Nutzung, Zerstörung und den noch vorhandenen Resten dieser Anlage, von der Hitler einmal sagte, es sei sein "schönstes Quartier" gewesen. Der Leser erhält darüber hinaus Hintergrundinformationen über die damaligen Ereignisse und die getroffenen Entscheidungen. Historisches und aktuelles Bildmaterial, Aufzeichnungen beteiligter Personen sowie Erinnerungen der letzten Zeitzeugen aus Bad Münstereifel vermitteln einen Blick in die Geschichte des ersten ortsfesten Führerhauptquartiers des Zweiten Weltkrieges.

193 Seiten, gebunden mit Schutzumschlag, 230 Abbildungen, Karten, Dokumente und Grundrisse, 28x23 cm, **ISBN 3-938208-21-x** **€ 32,50**

Alexander Kuffner

Zeitreiseführer Eifel 1933-1945

Dieses Buch erschlägt nicht mit seitenlangen historischen Abhandlungen, sondern führt den Leser erklärend zu den heute noch sichtbaren Schauplätzen aus der Zeit des Zweiten Weltkrieges. Zahlreiche Karten, GPS-Koordinaten zu allen Zielen, viele (auch vergleichende) Fotos von damals und heute, einfache Wegbeschreibungen sowie kurz und prägnant aufbereitete Hintergrundinformationen begleiten kompakt beim Lesen und Entdecken. Die übersichtliche Aufteilung der Kapitel und Karten helfen bei der individuellen Planung einer Zeitreise durch die Eifel, ob zu Fuß oder mit dem Auto, ob für Solo-Entdecker, zu zweit oder für Familien.

138 Seiten, Paperback, 170 Fotos, 3 große Hauptkarten und 12 Detailkarten, komplett vierfarbig, 19x10,7 cm, **ISBN 978-3-938208-42-7** **€ 14,50**
